**Editorial
Gustavo Gili, S.A.**

08029 Barcelona
Rosselló, 87-89. Tel. 322 81 61
México, Naucalpan 53050
Valle de Bravo, 21. Tel. 560 60 11
Santa Fe de Bogotá
Calle 58, N.º 19-12. Tel. 217 69 39

JORGE PENSI

Introducciones/Introductions

Nelly Schnaith/Oriol Pibernat
Klaus Lehmann/Richard Sapper

GG®

Monografías de Diseño Contemporáneo
Monographs on Contemporary Design

Traducción/Translation:
Graham Thomson

Diseño Gráfico/Graphic Design:
Carme Casares

Ninguna parte de esta publicación, incluido el diseño de la cubierta, puede reproducirse, almacenarse o transmitirse de ninguna forma, ni por ningún medio, sea éste eléctrico, químico, mecánico, óptico, de grabación o de fotocopia, sin la previa autorización escrita por parte de la Editorial.

All rights reserved. No part of this work covered by the copyright hereon may be reproduced or used in any form or by any means —graphic, electronic, or mechanical, including photocopying, recording, taping, or information storage and retrieval systems— without written permission of the publisher.

© Editorial Gustavo Gili, S.A.
Barcelona 1994

Printed in Spain
ISBN: 84-252-1584-6
Depósito legal: B. 11.108-1994
Impresión: Grafos, S.A. Arte sobre papel

Índice

Una ecología de puertas adentro *Nelly Schnaith*	6
El diseño como proceso creativo *Oriol Pibernat*	8
La «casa europea» y el estímulo por descubrirla *Klaus Lehmann*	12
Una tarjeta de visita *Richard Sapper*	13
Muebles	15
Lámparas	47
Objetos	65
Los años con Liévore	86
Biografía	92
Agradecimientos	96

Contents

An Indoor Ecology by *Nelly Schnaith*	6
Design as Creative Process by *Oriol Pibernat*	8
The "European house" and the thrill of exploring it by *Klaus Lehmann*	12
A visitor's card by *Richard Sapper*	13
Furniture	15
Lighting	47
Objects	65
The Years with Liévore	86
Biographical Note	92
Acknowledgments	96

UNA ECOLOGÍA DE PUERTAS ADENTRO
Nelly Schnaith

Nelly Schnaith
es filósofa.

Nelly Schnaith is
a philosopher.

Resulta claro que la polución ornamental de los interiores de la burguesía vienesa —esencia de burguesía— de principios de siglo pedía sin demora una cruzada ecológica en el mundo del diseño. El primer paladín de esa operación de limpieza, que intentaba cambiar la concepción misma de los espacios cerrados y de los objetos que amueblan nuestra cotidianidad, fue Adolf Loos.

El contexto histórico inmediato, los modos de vida profesional o personal, el espacio-tiempo de la cultura orientan el *uso*. Así imponen las necesidades y posibilitan las libertades de la forma cuando se trata del diseño de objetos que han de satisfacer la comodidad y, a la vez, educar el gusto de los sujetos respecto a su entorno cotidiano. Después de muchas décadas y casi a la puerta de un nuevo siglo, a pesar de las reiteradas perversiones que en esta centuria desfiguraron aquella consigna, todavía quedan diseñadores que la mantienen con obstinada fidelidad. La obra de Jorge Pensi es el mejor ejemplo. Por ser auténtica, su fidelidad no tiene nada que ver con la estabilidad inmutable de determinados códigos o el inmovilismo de las ideas. Por el contrario, Pensi ha sabido concederse plena franquicia, creando, variando y explorando las formas sin que en ningún caso esa soltura interfiriera con las demandas esenciales planteadas por el destino o los destinatarios de sus diseños.

La obra de Pensi no debe valorarse sólo en relación con las grandes posturas innovadoras de nuestra época sino también con sus grandes imposturas. Me refiero a todos aquellos fenómenos o teorías pertenecientes al orden del diseño que, enmarcados dentro de lo que podría llamarse una «originalidad» mediáticamente entronizada, han mistificado sus principios y sus fines en aras de una repercusión meramente publicitada o publicitaria. En ese sentido, las sillas y las lámparas de Pensi, la organicidad de sus formas, el modo de presencia de sus materiales, la pátina discreta del aluminio o el brillo mate de la madera, respiran un saludable «clasicismo» que se opone tanto a los delirios ornamentales de nuestros antepasados inmediatos como a

AN INDOOR ECOLOGY
Nelly Schnaith

It is perfectly evident that the ornamental pollution of the interiors of the Viennese bourgeoisie —the very essence of the bourgeoisie— in the early years of the century cried out urgently for an ecological crusade in the world of design. The first champion of this clean-up operation, who endeavoured to change the whole conception of the closed spaces of our everyday environment and the objects that furnish them, was Adolf Loos.

The immediate historical context, people's professional or personal ways of life, the space-time of the particular culture, all orient the *use*. They thus impose the needs and make possible the freedoms of the form in the case of the design of objects which are required to satisfy the demands of comfort and convenience and, at the same time, educate people's tastes with regard to their everyday surroundings. After so many years, almost on the threshold now of the next century, and in spite of the innumerable perversions that have disfigured that affirmation, there are still today designers who adhere to it with a stubborn fidelity. The work of Jorge Pensi is a supreme example of this. In its authenticity, his faith has nothing to do with the immutable stability of certain codes or the immovable fixity of ideas. On the contrary, Pensi has managed to allow himself complete freedom, creating, varying and exploring forms without this fluency ever interfering with the essential demands posed by the final use or users of his designs.

Pensi's work asks to be appraised in relation not only to the great innovative postures of our age, but also to its great impostures. I have in mind here all those phenomena and theories bearing on the order of design that, within the framework of what we might call an "originality" exalted by the media, have mystified their principles and aims for the sake of a resonance that is all publicity and public relations. In this respect, Pensi's chairs and lights, the organicism of his forms, the quality of presence of his materials, the discreet sheen of the aluminium or the matt lustre of the wood, exude a healthy "classicism" that is opposed as much to the ornamental deliriums of previous generations

los delirios «creativos» de muchos contemporáneos. Pensi ayuda al usuario ante una dificultad cada vez más acusada en las sociedades opulentas: la de hacer la diferencia «ética» entre una urna y un orinal, en términos de K. Kraus. Consideraba Kraus que Loos, en arquitectura y diseño y él en lenguaje, se habían empeñado en mostrar esa diferencia fundamental para una cultura: «los otros, aquellos que no logran hacer esta distinción, se dividen en los que usan la urna como orinal y los que usan el orinal como urna». Los objetos diseñados por Pensi restablecen los valores alterados por este desorden en las categorías al que la modernidad del diseño se ha vuelto tan proclive.

Las preocupaciones de una ecología de la naturaleza son más que legítimas: el hombre, agente de su destrucción, olvida que es parte de ella. Pero no menos importante, aunque más encubierta en su necesidad, resulta la tarea de una ecología de la cultura: verdadero hábitat humano en el sentido más estricto. En esta labor de formación es importante la responsabilidad del diseño, como lo es también en la deformación de la misma. Hoy parece que se vuelve imperioso el reclamo de iniciar una operación de saneamiento en las vastas marismas de la «creatividad» sin sentido, por no decir insensata. Se requiere una empresa ecológica que no sólo proteja la vida natural sino que también preserve la sanidad de la mente —el viejo espíritu— limpiando el horizonte de los símbolos.

En este contexto, la obra de Pensi ha logrado mantener en alto el maltratado espíritu de servicio del diseño sin sacrificar la libertad creativa que se inspira en la fantasía. Ha sabido arraigar esa creatividad respetuosa de sus propios principios y fines en las notables posibilidades técnicas ofrecidas por nuestra época: el tratamiento y la variedad de los materiales, la ductilización de las formas, la elegancia precisa de las soluciones. Logra así una feliz conciliación de la función con la belleza. Porque, en su caso, la funcionalidad apunta, por encima del mero uso, a la ecología de la cultura y la belleza aspira, por encima de las vanidades de la originalidad, a la nobleza orgánica del objeto.

as to the "creative" deliriums of many of our contemporaries. Pensi is on the side of the user in the face of a difficulty that is ever more pronounced in our affluent societies: that of establishing the "ethical" difference between an urn and a urinal, in the words of Karl Kraus. Kraus considered that Loos as well as himself, had endeavoured to reveal that fundamental difference for culture: "the others, those who fail to make this distinction, are divided into those who use the urn as if it were a urinal and those who use the urinal as if it were an urn". The objects designed by Pensi restore the values upset by this categorical confusion to which modern design has become so prone.

These concerns with an ecology of nature are more than legitimate: man, that agent of nature's destruction, forgets that he is himself part of nature. No less important, however, although less apparently necessary, is the task of instituting an ecology of culture, that truly human habitat in the strictest sense. In this formative process, an important part is played by responsible design, and equally so by distorted or deformed design. It would seem today that there is an increasingly urgent need to undertake the draining of the vast swamps of meaningless, senseless, "creativity". What is needed is an ecological enterprise capable not only of protecting natural life but at the same time of preserving the health of the mind —what used to be called the spirit— by sweeping the horizon clear of symbols.

In this context, Pensi's work has managed to keep alive design's much abused spirit of service, without sacrificing those creative freedoms which find their inspiration in fantasy. He has contrived to root that creativity, a creativity respectful of its own origins and ends, in the outstanding technical possibilities offered by our time: the treatment and the variety of the materials, the ease of handling of the forms, the precise elegance of the solutions. In this way he brings about a felicitous reconciliation of function with beauty. Because the functionalism points, beyond mere use, to cultural ecology, and the beauty aspires, above the vanities of originality, to the organic nobility of the subject.

EL DISEÑO COMO PROCESO CREATIVO
Reflexiones en torno a tres proyectos de Jorge Pensi
Oriol Pibernat

DESIGN AS CREATIVE PROCESS
Reflections on three projects by Jorge Pensi
Oriol Pibernat

Oriol Pibernat es crítico de diseño.

Oriol Pibernat is a design critic.

Refiriéndose a su proceso de creación Tschaikowsky menciona dos formas de inspiración: la que brota de una necesidad interna y ha de transformarse urgentemente en obra y la que tiene que ser convocada para hacer frente a un encargo. El tipo de inspiración propia del trabajo de diseño es, por lo general, de esta segunda naturaleza, ya que la circunstancia en la que un profesional diseña un objeto de uso suele ser la del encargo. Y ante el encargo, que fija el tema y el marco en el que se desenvolverá la creatividad del diseñador, «conviene», como diría Tschaikowsky, «*crearse* una inspiración». Nuestra intención será acercarnos a este proceso creativo a través de tres proyectos característicos de Jorge Pensi; profesional entre cuyas virtudes se incluye la inclinación a mostrar las bambalinas de sus creaciones y a dotar a este striptease de un alto valor pedagógico.

La silla Toledo, diseñar casi ex nihilo
La silla Toledo —sin duda la obra más conocida de Pensi— nació de un proceso que en cierta manera podría calificarse de pre-industrial. El diseñador y su equipo pudieron trabajar casi sin limitaciones. Se trataba de realizar una silla para bares e instalaciones similares pero ni el concepto formal, ni los acabados, ni siquiera los costes estaban predeterminados. Existía encargo, evidentemente, y también una experiencia en el diseño de sillas pero, por lo demás, la hoja estaba en blanco.
Esta hoja no se llenó súbita y preclaramente con los bocetos del objeto que hoy conocemos. De hecho, el proceso de prefiguración se basó más en la elaboración de maquetas que en la representación dibujada; modalidad de trabajo posible gracias a la colaboración permanente de Diego Slemenson como responsable del taller de desarrollo del producto.
En el año que duró el desarrollo de la silla Toledo su metamorfosis fue constante: la idea inicial podía cambiar o simplemente extraviarse en el detalle, luego se recuperaba enriquecida por sus contrastes con los fragmentos. No

Referring to his creative process, Tchaikovsky mentions two forms of inspiration: that which bubbles forth from an internal necessity and urgently demands to be transformed into a work of art, and that which has to be summoned up to meet a specific commission. The type of inspiration proper to the work of design is, in general, of this second kind, given that the circumstances in which a professional designer creates an object for practical use tend to be in response to a commission. And faced with this brief, "it is expedient," as Tchaikovsky says, "to *create* an inspiration". Our intention here is to seek to understand this creative process on the basis of three characteristic projects by Jorge Pensi; a professional designer amongst whose many virtues is a propensity to reveal the behind-the-scenes workings of his creations and to endow this striptease with considerable pedagogical value.

The Toledo chair, design virtually ex nihilo
The Toledo chair —undoubtedly Pensi's best known design— was the product of a process that in some ways might be regarded as pre-industrial. The designer and his team were free to work almost without limitations. The idea was to produce a chair for bars and public facilities, but neither the formal concept, nor the finishes, nor even the budget were determined in advance. They had, evidently, a brief, and also experience in the design of chairs, but apart from this they had *carte blanche* .
This blank page was not covered with sketches of the Toledo chair. In fact, the first stage of the design process was based more on the making up of models than on drawings as such —a way of working only possible thanks to the permanent contribution made by Diego Slemenson, head of the studio's own product— development workshop.
During the year which the Toledo chair took to evolve, there was constant metamorphosis: the initial idea might change, or simply get bogged down in detail, before being returned to, enriched by the points of contrast between the

había fragmento insignificante, cada una de las partes constituía una especie de costilla de un esqueleto cuya forma final era todavía incierta. Cuando el objeto empezaba a tomar forma —parecida ya a la actual— el proceso se invertía: ya no se trataba de una reconstrucción sino de una labor escultórica donde el modelo se perfeccionaba más por el vaciado de la materia que por su añadido. La formalización definitiva avanzó más por la tenaz resolución de múltiples dudas que por el impulso de una imagen fraguada previamente. En este sentido podríamos referirnos a la silla Toledo como un resultado maduro nacido *entre* y *de* las inseguridades. Tratándose como se trata de un clásico del diseño contemporáneo, tal circunstancia puede revelarse sin rubor.

Interesa destacar, sobre todo, el hecho de que nos encontramos ante un largo proceso de formalización de base artesanal, donde el sistema de ensayo-error, el trabajo de taller y el mismo contacto con los materiales ha pesado más que la representación anticipada, y donde la inspiración ha tenido que ser literalmente fabricada día a día. Tal vez esto resulte desconcertante, y no obstante, nos asalta la duda sobre cuántos paralelismos puede guardar este proceso con otros que imaginamos nacidos de sistemáticas más racionales y más firmes resoluciones creativas.

Programa Gorka, responder a una demanda empresarial
El encargo de diseñar un programa de asientos para instalaciones que la empresa formuló a Pensi estaba, en este caso, perfectamente detallado. El briefing servía como punto de partida del proyecto y se trataba básicamente de dar la respuesta más ajustada posible a una demanda muy pautada por la empresa.

Pero por muchas indicaciones que se dieran de antemano, la cuestión era: ¿había una o múltiples respuestas de diseño posibles? Veamos qué decía el informe sobre la imagen del producto: «formalmente estamos pensando en una imagen de fácil asimilación por un mercado masificable, pero a la vez novedosa». La inventiva formal debía concen-

individual elements. None of these details was without some significance: every single part constituted one of the bones in a skeleton whose final form was still uncertain. Once the object had begun to assume a form then the process was reversed: it was no longer a matter of reconstruction but a sculptural process in which the model was refined more by the losing of material than by its addition. The definitive formalization progressed more by way of the tenacious resolution of a series of doubts than on the basis of any image forged in advance. In this respect, we might refer to the Toledo chair as a mature creation born amid and out of uncertainties. In view of the fact that the chair is now a classic of contemporary design, this circumstance can be confessed without blushing.

It is worth emphasizing, above all, that what we are considering here is a lengthy process of formal definition with a craft basis, in which trial and error, the part played by the workshop and the actual contact with the materials themselves all counted for more than any prior representation, and in which the inspiration had to be literally manufactured day by day. This may be disconcerting to some, but nevertheless I cannot help wondering how many parallels there may be between this process and others, which we tend to imagine as resulting from more rational systems of production and from firmer creative resolves.

The Gorka Programme, responding to a client's brief
The commission to design a contract seating programme for public events as presented to Pensi by the corporate client was, in this case, perfectly explicit. The job basically consisted of coming up with the most satisfactory possible response to the very clearly defined commission given by the company.

But in spite of all these indications offered at the outset, the question was still one of whether there were several possible design responses, or only one. Let us see what the briefing established with regard to the product's image: "in formal terms we are thinking of an image easily assimi-

trarse, entonces, en combinar el lenguaje codificado del objeto y la innovación que se reclamaba. Se trataba de una especie de alquimia por la cual debían administrarse las componentes estilísticas en las que Pensi se reconoce y se hace reconocible.

El briefing previo, la tarea de estilo... todo parece inducirnos a contemplar este proceso como un tanto mecanizado; y no obstante podríamos relativizar en gran medida esta impresión. En primer lugar, porque el informe dice más de la capacidad planificadora de la empresa que de la creación en sentido estricto. Por otro lado, en relación a la mencionada búsqueda de equilibrios entre la *commodity aesthetic* y la innovación, deberíamos preguntarnos sin prejuicios, si no es éste, en definitiva, el campo de trabajo cotidiano de cualquier labor de diseño no meramente especulativa, es decir, vinculada necesariamente con la lógica empresarial. Y, en verdad, es la misma elección del profesional la que indica el tipo de compromiso que se está buscando. Finalmente, ante éste y cualquier proceso de diseño pautado por la palabra, no podemos olvidar los límites que plantea la prefiguración escrita o hablada del objeto: por mucho que se defina una demanda, jamás se logrará franquear la barrera que separa lo verbal de lo icónico. Por ello el proyecto se desarrolla, inevitablemente, no tanto sobre lo escrito como sobre lo omitido.

Sistema Babelia, el diálogo empresa-diseñador

Cuando una empresa italiana especializada en complementos de cocina propuso a Pensi un proyecto de tema libre, se desencadenó un proceso de trabajo que cabría calificar de poco habitual. De entrada la idea del producto tardó un tiempo en precisarse. Finalmente el diseñador se decantó por desarrollar un sistema modular para el almacenaje y uso de elementos de cocina.

Lo que se suponía un trabajo relativamente acotado fue transformándose en un programa complejo que provocó una participación intensa tanto de la empresa como del diseñador. El diseñador aportaba su intuición funcional, su

lated by a potentially mass market, yet still innovative". The formal invention of the design was thus concentrated on combining the codified language of the object with the innovation asked for. Here, then, what was involved was a kind of alchemy which was to orchestrate the application of the different stylistic elements which Pensi recognizes as his and for which he is recognized.

The initial briefing, the labouring over the style... everything seems to invite us to perceive this process as being somewhat mechanized; nevertheless, this impression can be mitigated to a large extent. In the first place because the briefing says more about the company's planning capabilities than about its creativity in the strict sense. On the other hand, in relation to the concern we mentioned above with finding a balance between *aesthetic commodity* and innovation, we must ask ourselves —without prejudices— whether this is not precisely the day-to-day working environment of any design exercise that is not purely speculative: in other words, a field necessarily informed by an entrepreneurial logic. And, to tell the truth, it is the choice made by the individual designer which indicates the kind of compromise being looked for. Finally, in relation to this or any other design process marked out in words, we must not forget the limits imposed by the oral or textual prefiguration of the object: however much a commission is defined, this definition will never cross the barrier which separates the verbal from the visual. For this reason the project inevitably evolves not so much on the basis of what is written as of what is left unstated.

The Babelia System, the client-designer dialogue

When an Italian company specializing in kitchen equipment presented Pensi with an entirely open-ended brief, what followed was a working process which can only be described as atypical. Initially the idea for the product took some time to coalesce. In the end, the designer decided to opt for a modular system for the storage and use of the kitchen utensils. What might have appeared to be a relatively

ingenio técnico y su imaginación formal. Los responsables de la empresa respondían con los datos que, basados en la lógica comercial y productiva, avalaban, desautorizaban o inducían a correcciones del proyecto.

En este caso, curiosamente se ha transferido al diseñador la responsabilidad de conceptualizar un tipo de producto y la empresa se ha sumado a la investigación de éste aportando todo su *know how*. La empresa probablemente ha pretendido —y logrado— recoger toda la capacidad inventiva del diseñador invirtiendo el orden de las fases clásicas de un proyecto y su misión ha sido «pulir» las propuestas creativas en bruto. A decir verdad, la extensa documentación y material gráfico atestiguan una sorprendente colectivización de las decisiones y de la autoría técnico-creativa del proyecto.

Al tomar prestados estos tres proyectos comprobamos cuan distintas pueden ser las condiciones en las que se concreta un encargo de diseño y los variables caminos por los cuales la inspiración *va creándose*. La afirmación de Jorge Pensi «para mí cualquier encargo es una excusa para poder mantener vivo el trabajo creativo» adquiereun sentido más concreto y profundo a la vez. El germen de una idea, de una forma, puede encontrarse entre múltiples inseguridades, en las interlíneas de un briefing, en el diálogo con el cliente, etc. La plasticidad del acto creador y el contraste dialéctico con las condiciones de trabajo concretas transforman, como hemos visto, cada proyecto en un proceso singular.

straightforward commission soon evolved into a complex programme which required the intensive participation of the client company as well as of the designer. The designer brought to bear his functional intuition, his technical skill and his formal imagination. The company's staff responded by contributing the data which, grounded in commercial and manufacturing logic, endorsed, discounted or suggested corrections to the project.

In this case, unusually, the responsibility for conceptualizing the type of product was devolved onto the designer, with the client company placing at his disposal all its know-how to assist him in his researches. The company probably hoped —and managed— to bring out all the inventive capability of the designer by inverting the traditional sequence of the project, assuming for its part the "polishing" of the unrefined creative proposals. The extensive body of documentation and graphic material attest to a surprisingly collective approach to decision-making and the technical and creative authorship of the project.

In taking these three projects we can see how much variation there can be in the conditions in relation to which a design commission is framed, and the different ways in which the inspiration *creates itself*. Jorge Pensi's statement that "for me, every commission is an opportunity to keep the creative work alive" thus takes on a significance that is at once more concrete and more profound. The germ of an idea, of a form, can be found in the midst of a mass of uncertainties, between the lines of a briefing, in the dialogue with the client, and so on. The artistic character of the creative act and the dialectical contrast with the specific working conditions transform, as we have seen, every project into a unique process.

LA «CASA EUROPEA» Y EL ESTÍMULO POR DESCUBRIRLA
Klaus Lehmann

Klaus Lehmann es profesor y jefe del departamento de diseño industrial de la Academia de Bellas Artes de Stuttgart.

Klaus Lemann is professor and head of Industrial Design at the Stuttgart Academy.

En mi época, estudiar en una Escuela Superior de Arte se caracterizaba por la relación entre maestro y alumno; no se estimulaba romper esta relación. Más tarde he descubierto cuán restrictiva puede ser esta práctica y cuán importante es que los jóvenes, en esta fase decisiva de su desarrollo, estén expuestos a muchas influencias y personalidades.

Creía que sería fructífero, para los alumnos y profesores, buscar un representante de una región dinámica del diseño europeo, Cataluña, con la que nuestro estado, Baden-Württemberg. Con esto, pretendía también ampliar nuestro campo visual, tan dirigido hacia Italia, y buscar nuevos horizontes. Pensé que la persona apropiada podía ser Jorge Pensi y me alegré cuando aceptó mi propuesta. Y a nadie puede sorprender que nos entendiéramos en nuestra concepción, europea y clásica, del proceso de creación.

Pero con todo esto no tuve bastante. Sentía curiosidad y pregunté a los alumnos. Quería saber cómo lo veían, qué les había aportado y qué impresión les había causado. También quería conocerlo a través de los propios alumnos: «Nos ha abierto los ojos a la importancia de la forma», opinaban. No pedía invenciones ni trucos artísticos; tenía unas ideas muy precisas de lo que quería; le importaba la sencillez y la elegancia y esto se tenía que ver «igual que se ve en una mujer guapa, que es guapa»; intentaba desarrollar lo personal y característico de un proyecto, era constructivo en su crítica, a veces, también drástico, pero nunca ofensivo.

Creo que Jorge Pensi podrá estar contento de los resultados. Sé, por él mismo, que la docencia le ha complacido y quiero asegurarle que conocerle a él y su trabajo ha significado un enriquecimiento, en igual medida, para profesores y alumnos.

THE "EUROPEAN HOME" AND THE THRILL OF EXPLORING IT
Klaus Lehmann

When I was a student, the master-pupil relationship was a fundamental aspect of studying at an Art School. It seemed that nobody had any desire to break with or change this relationship. Only later did I discover how restrictive that relationship could be, and how important it was for young people, at this decisive stage in their development, to be exposed to a wide range of influences and personalities. I came to the conclusion, then, that it would be highly fruitful for students and tutors alike if we could find someone who represented a region —Catalonia— with which own state of Baden-Württemberg has close economic and cultural ties. In doing so I was seeking at the same time to widen our visual field, with its focus up to now very much fixed on Italy, and open up new horizons.

I felt that Jorge Pensi might be the right person, and I was delighted when he accepted my proposal. And it came as no surprise to find that we shared the same vision —European and classical— of the process by which a design is created and takes form. However, I still needed something more. I was curious, so I asked the students. I wanted to know how they saw Pensi, what they felt he had to offer them and what impression they had formed of him. I also wanted to get to know him better by way of the students: "He has opened our eyes to the importance of form", they told me. He did not ask for inventions or artistic tricks; he had very clear ideas about what he was looking for; simplicity and elegance were important to him, and these had to be apparent to the eye, "in the same way that you see that a pretty woman is pretty". He was interested in developing the personal and individual qualities of each project. He was constructive in his criticism, sometimes drastic, but never offensive.

I believe Jorge Pensi can be pleased with the results. I know, because he told me so, that he has enjoyed teaching this course, and I want to assure him that getting to know him and his work has been an enriching experience for all of us, tutors and students alike.

UNA TARJETA DE VISITA
Richard Sapper

A VISITOR´S CARD
Richard Sapper

Richard Sapper es diseñador y profesor de diseño industrial en la Academia de Bellas Artes de Stuttgart.

Richard Sapper is a designer and professor of Industrial Design at the Stuttgart Academy.

Siempre que voy a Barcelona me paseo por Vinçon, la fantástica tienda de mi amigo Fernando Amat. No puedo pensar en ningún otro lugar en el mundo donde haya tal concentración de objetos domésticos bonitos, prácticos, sensibles, originales, bien hechos y a menudo únicos. Recuerdo muy bien la primera vez que entré en este lugar porque, entre todos los objetos y muebles, me encontré de repente frente a uno que me impresionó más que los otros: era una silla de aluminio que no había visto antes, diseñada por un hombre del que no había oído hablar, pero tan bonita, práctica, sensible, original y bien hecha que pensé: «entonces, éste es el famoso fenómeno del diseño de Barcelona».

Como siempre ocurre cuando veo un diseño interesante, me pregunté acerca de que tipo de hombre podría ser su autor pero, una vez descubierto el nombre, no tuve ocasión de conocerlo.

Después de la silla vi muchas otras cosas de Jorge Pensi que me gustaron pero sólo ha sido años después, cuando mi asistente me propuso invitar a un diseñador español para enseñar en nuestra escuela, que he tenido la oportunidad de descubrir la clase de persona que es.

Bien, ahora lo sé, porque Pensi está dando clases en nuestro departamento durante este semestre y somos amigos. Nos vemos a menudo, hablamos, bebemos y discutimos juntos. Qué placer para mí, así como para nuestros estudiantes, poder estar con una persona tan reflexiva, amable, entusiasta: un espejo de su trabajo por el que quisiera aprovechar esta oportunidad para felicitarlo.

One thing I always do when I come to Barcelona is to wander around Vinçon, my friend Fernando Amat´s wonderful shop. I can think of no other place in the world where I can find such a concentration of beautiful, practical, sensible, original, well-made and often rare examples of household goods as here. I remember very well the first time I came to this place, because among all these exciting objects I suddenly found myself standing in front of one that impressed me more than the others: an aluminium chair I had never seen before, designed by a man I had never heard of, but so beautiful, practical, sensible, original and well made that I thought: this, then, is the famous Barcelona design phenomenon.

As always happens when I see an interesting design, I wondered what sort of man could have made such a thing, but although I discovered his name, I had no way of meeting him.

After this I saw many other beautiful things designed by Jorge Pensi, but only years later, when my assistant proposed that we invite a Spanish designer to lecture at our school, did I have the chance to discover what sort of person this was.

Well, I know now, because Pensi is teaching in our department this term, and we are friends; we very often meet, talk, drink and discuss together: what a pleasure it is for me, as well as for our students, to be with such a thoughtful, gentle, enthusiastic person: a mirror of his work, for which I should like to congratulate him here.

Jorge Pensi y su socio y
colaborador Diego Slemenson
con un modelo no producido.

Jorge Pensi and his partner
Diego Slemenson with a model
never commercially produced.

MUEBLES

Formado en los cánones arquitectónicos, Pensi desmenuza minuciosamente cada encargo hasta ir formalizando un resultado que no está nunca previsto de antemano. Pero a diferencia de otros, Pensi sí confiesa obedecer a un método de trabajo, donde impone el rigor que después asomará en todas sus piezas: primero una fase conceptual, ideológica, que acote el problema, después una fase de elaboración y desarrollo propiamente dicha, para llegar, finalmente a la concreción real mediante el control del proceso industrial. Juli Capella y Quim Larrea, *Nuevo Diseño Español*, Editorial Gustavo Gili, S.A. Barcelona 1991.

FURNITURE

Trained in the discipline of architecture, Pensi minutely takes apart every commission before giving form to a result that is never determined in advance. In contrast to other designers, however, he admits to following a working method, in which he imposes the rigour that is subsequently apparent in everything he produces: first a conceptual, ideological phase which marks out the problem, then the phase of elaboration and development as such, before finally arriving at the real material embodiment of the design through the control of the process of manufacture. Juli Capella and Quim Larrea, *Nuevo Diseño Español*, Editorial Gustavo Gili, S.A. Barcelona, 1991.

Desde la idea, en dos dimensiones hasta la verificación total en el modelo formal, de todos los atributos.

From the two-dimensional idea to the total verification in the formal model of all its attributes.

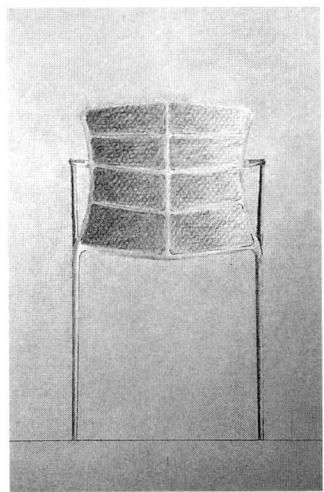

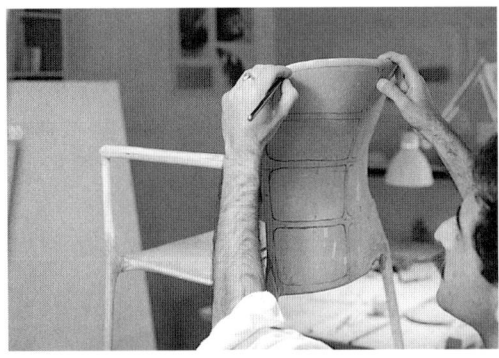

Distintos aspectos del proceso de diseño.

Various different aspects of the design process.

Para conmemorar la última década de este siglo, Thonet invitó a nueve diseñadores y arquitectos a participar en el primer *European Design Forum*. Su cometido era el de diseñar «Visiones» de sillas con alguna característica propia de sus paises. De todos los diseños, Mario Bellini escogió sólo dos. La silla *Lamber* de Dillon, Wheeler y van der Broecke y la silla *Orfilia* de Pensi. *International Design Yearbook 1990-1991*, Thames and Hudson. Londres, 1991.

To mark the final decade of this century, Thonet invited nine European designers and arquitects to join the first *European Design forum*. Their brief was to design "visions" for chairs with a characteristic expression of their country. Of all the designers, Mario Bellini chose only two. Dillon, Wheeler and van den Broecke's *Camber* chair and Pensi's *Orfilia* chair. *International Design Yearbook 1990-1991*, Thames and Hudson. London, 1991.

Butaca Liberty.
Perobell.
Barcelona (1991).

Liberty armchair.
Perobell.
Barcelona (1991).

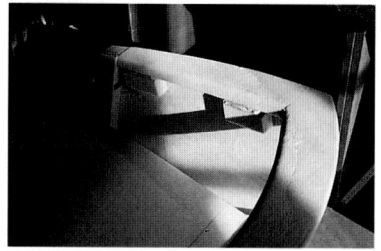
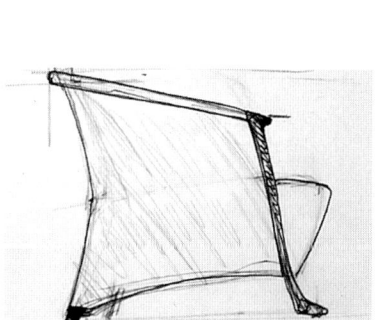

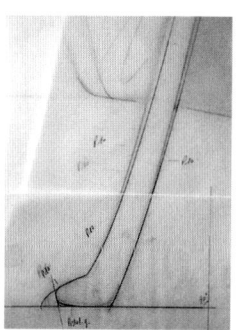

Butaca de la colección Suite Palace. Disform. Barcelona (1990).

Armchair from the Suite Palace collection. Disform. Barcelona (1990).

Tocador perteneciente a la colección Projects de A. Studio. Florencia (1991).

Dressing table from the collection Projects for A. Studio. Florence (1991).

Laietana: Mesa auxiliar con luz diseñada para Casa Barcelona. Olimpiada Cultural. Akrodis. Barcelona (1992).

Laietana: occasional table with light designed in 1992 for Casa Barcelona. Olimpiada Cultural. Akrodis. Barcelona (1992).

Maga. Diseñada en 1993 para «Sedia Europea made in Italy» promovido por Promosedia, Salone Internazionale de la Sedia di Udine y producida por Crassevig, Udine (1993).

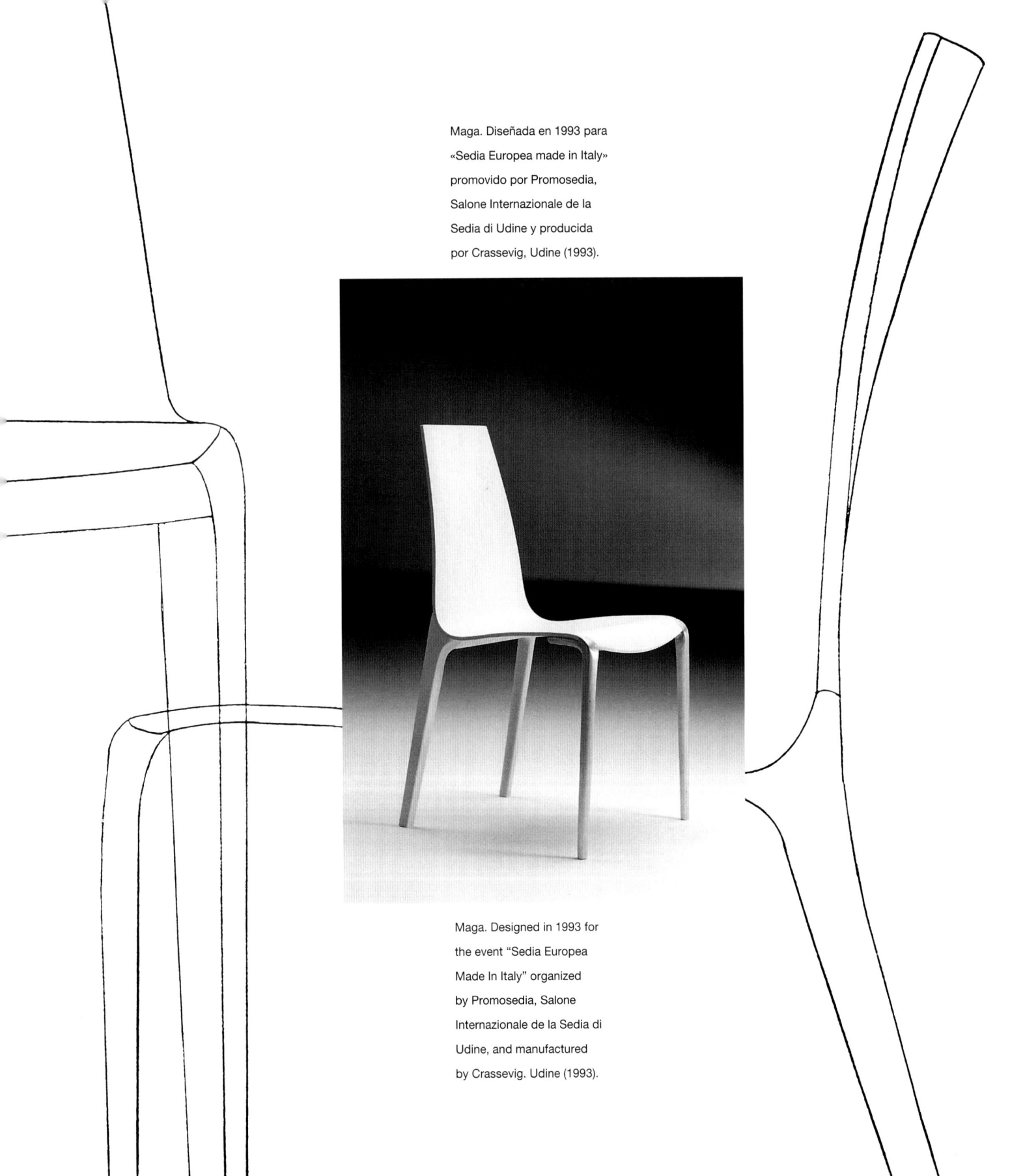

Maga. Designed in 1993 for the event "Sedia Europea Made In Italy" organized by Promosedia, Salone Internazionale de la Sedia di Udine, and manufactured by Crassevig. Udine (1993).

Silla perteneciente a la colección Pensi. Koda Woodcraft. Singapur (1993).

Chair from the Pensi collection. Koda Woodcraft. Singapore (1993).

Sillas pertenecientes a la colección Projects de A. Studio. Florencia (1991). Materiales: acero cromado, aluminio inyectado y Baydur.

Chairs from the collection Projects for A. Studio. Florence (1991). Materials: chromed steel, injected aluminium and Baydur.

Las mesas de bistró cuentan con una larga tradición en algunos países europeos como Francia, Italia y España. De hecho, es en España donde hemos descubierto la colección de mesas desmontables *París* realizadas en aluminio fundido. Los sobres de esta colección son de diferentes tamaños y materiales que van desde el sobre liso al de acero inoxidable con motivos para exterior, o al tablero multilaminado para interior.
«MD Magazine», enero, 1988.
Amat. Barcelona (1986).

Paris. Bistro tables have a long tradition in some European countries, such as France, Italy and Spain. In fact, in Spain it was that we discovered the "Paris" range of collapsible tables on a base frame of cast aluminium. Tops in this range come in a variety of sizes and materials such as weatherproof smooth or textured stainless steel or with a laminated finish for use in the home.
"MD Magazine", January, 1988.
Amat. Barcelona (1986).

Su base central en forma de cruz, sostiene tableros circulares de 60 cm de diámetro o cuadrados de 60 ó 70 cm, mientras que los rectangulares miden 60 x 100/120 cm y necesitan una doble base. Las patas de la mesa se protegen para amortiguar los posibles golpes.

Its cross-shaped central base frame supports circular or square tops measuring 60 cm in diameter or 60 and 70 cm edge-length tops, while the rectangular tops with a width of 60 cm and a length of 100 or 120 cm call for a double upright base frame. The outriggers of the frame have protective pads.

Si algo caracteriza la evolución de los objetos de uso es el permanente desfase entre los desarrollos tecnológicos y las demandas simbólicas. La socialización de nuevos lenguajes formales y nuevos contextos de referencia simbólicos no ha seguido generalmente el ritmo veloz de las transformaciones tecnológicas. De ahí que el término vanguardia referido al diseño resulte un tanto impreciso: de hecho, las vanguardias de diseño han dedicado más trabajo a la corrección de anacronismos que tiempo para inventar el futuro. Sirva de ejemplo el siguiente: la tradicional silla de terraza con respaldo y asiento de tablillas de madera y con estructura y patas de tubo de hierro curvado determinó en su día un arquetipo formal bastante definido. La producción actual de este género de equipamiento reproduce este modelo original, pareciendo olvidar que la tecnología de fabricación ha sustituido el hierro y la madera por el tubo y la plancha de aluminio. ¿Cómo es posible que ocurra esto? Precisamente porque un arquetipo es una forma socialmente aceptada para una clase de objetos y, como tal, desarrolla su propia resistencia al cambio... El papel práctico del diseño ha consistido en liberar a la forma de los viejos arquetipos y adecuarla a las condiciones de producción y de uso; y su papel ideológico en legitimar culturalmente estas innovaciones. A fin de cuentas, la anteriormente anunciada resistencia al cambio puede dejar de ser tal cuando el diseño anuncia y evidencia que la forma posible es ya más «real» que la existente. La silla diseñada por *Jorge Pensi*, que ha motivado este comentario, constituye la prueba misma de cómo, corrigiendo un anacronismo innecesario, un producto puede entrar en la época a que pertenece. Oriol Pibernat en «ARDI», n.º 5, septiembre/octubre 1988.

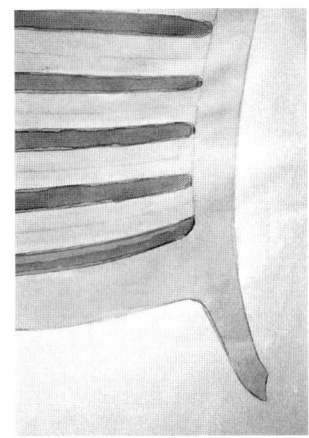
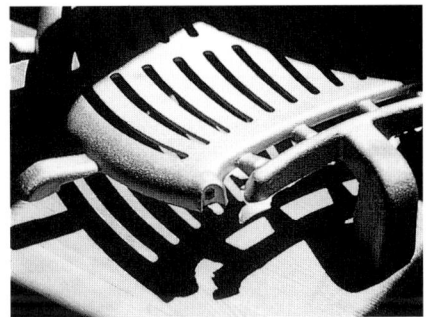

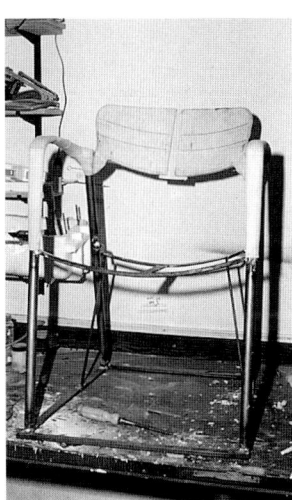

If there is any one thing that characterizes the evolution of functional objects it is the permanent lag between technological developments and symbolic requirements. The socialization of new formal languages and new referential contexts has not, in general, kept pace with the rapid rhythm of technological transformation. Accordingly, the application of the term avant-garde with reference to design is somewhat imprecise: in fact, the avant-garde movements in design ihave tended to be occupied more in correcting anachronisms than in inventing the future. The following example is a good illustration of this: the traditional café or terrace chair with seat and back of wooden slats and structure and legs of curved tubular steel constituted in its day a fairly definite formal archetype. Current production of this type of furniture adheres to this original model, apparently ignoring the fact that manufacturing technology has in the meantime replaced wood and steel with tubes and sheets of aluminium. How is this possible? Precisely because an archetype is a socially accepted form for a certain class of objects and, as such, mounts its own resistance to change... In practical terms, the role of design has consisted in liberating the form of the old archetypes and adapting this to the new conditions of production and use; and ideologically, in providing cultural legitimation for these innovations. Ultimately, this resistance to change we noted above may cease to manifest itself when the design announces and demonstrates that the potential form is now more "real" than the existing one. The chair designed by Jorge Pensi, which is the occasion for these observations, is tangible proof of how, by correcting an unnecessary anachronism, a product can enter the age to which it truly belongs. Oriol Pibernat in "ARDI", n.º 5, September/October 1988.

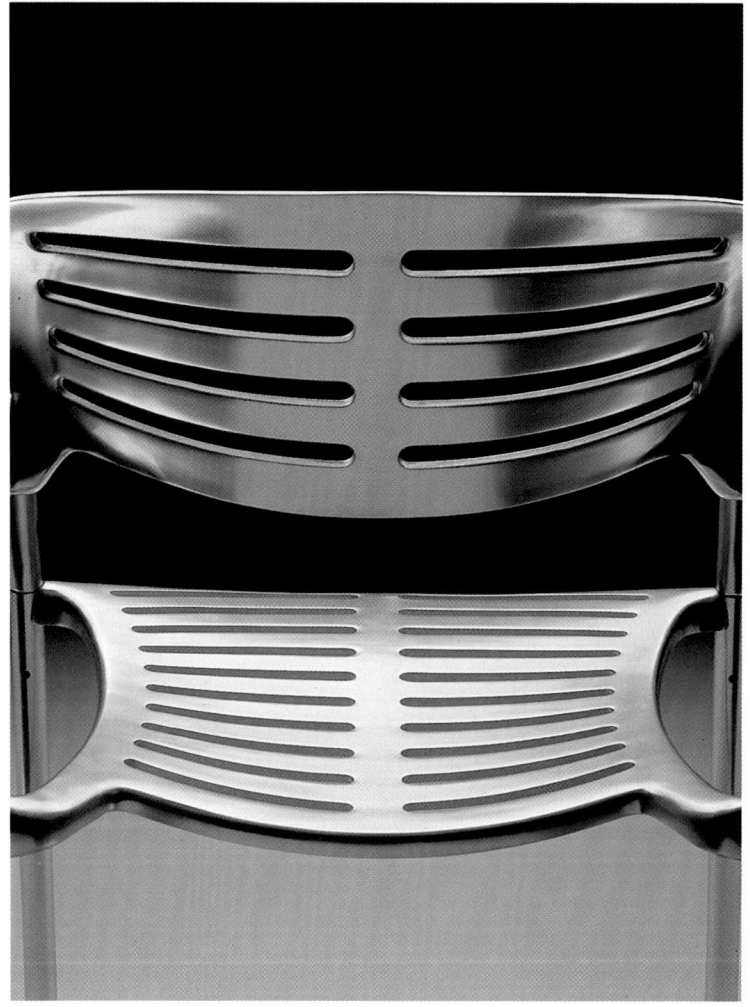

Toledo. Silla con brazos de aluminio fundido, pulido y anodizado. Amat. Barcelona (1987).

Toledo. Chair with arms of polished and anodized cast aluminium. Amat. Barcelona (1987).

Después de una primera experiencia con la firma Andreu World (sillón Medas, 1987), se decidió llevar adelante un nuevo proyecto, más ambicioso: el diseño del sillón apilable más ligero del mercado. El hecho de que fuera a realizarse en madera constituía sin duda un handicap, dado que tradicionalmente este material necesita secciones y nudos importantes. A lo largo del desarrollo del proceso pudo comprobarse, sin embargo, que podía eliminarse todo el material superfluo hasta llegar a la mínima estructura resistente y conseguir así el objetivo deseado. La avanzada tecno-

logía de la firma editora, que posibilita la producción industrializada de cualquier tipo de pieza, permitió una gran libertad en el desarrollo de las formas (por ejemplo, en el asiento, que es a la vez estructura y elemento simbólico), que pudieron materializarse en su mínima expresión, pero con la resistencia máxima que precisa una silla de uso público. Jordi Ambros en «ON Diseño», n.º 117.

Sankai. Following the initial involvement with the company Andreu World (Medas armchair, 1987), it was decided that the next move should be a new and more ambitious project: the design of the lighest stackable chair on the market. The fact that this was to be produced in wood was undoubtedly a handicap, in view of the fact that this material traditionally requires bulky sections and joints. It became apparent, however, in the course of the project's evolution, that all the superfluous could be eliminated, leaving a minimal structure of the necessary strength which thus fulfilled the desired objective. The advanced technology of the manufacturer, making it possible to mass-produce any type of part, permitted great freedom in the development of the forms (for example, in the seat, which is at once a structural and a symbolic element) which could thus be given the minimun of material expression while ensuring maximum strength and durability, essential in a chair for public use. Jordi Ambros in "ON Diseño", n.º 117.

Sankai. Sillón apilable ultraligero, de madera con soportes de aluminio inyectado en el respaldo. Andreu World. Valencia (1988).

Sankai. Ultra-lightweight stacking chair in wood with back supports of injected aluminium. Andreu World. Valencia (1988).

Gorka. Programa de asientos para uso público. Materiales: poliamida 6 y aluminio inyectado. Akaba. San Sebastián (1993).

Gorka. Contract seating programme. Materials: polyamide 6 and injected aluminium. Akaba. San Sebastian (1993).

El trabajo consistía en el diseño de una familia de sillas que respondiera a demandas variadas: desde una versión sencilla de cuatro patas a la silla de oficina y el sistema de bancos. El encargo era, por un lado, tan preciso que resultaba restrictivo y, por otro, tan abierto a cualquier interpretación que Pensi lo asumió como algo propio más que como un encargo. A estas palabras añadió: «La calidad del diseño depende de la calidad del encargo.»

Entre otros, Jorge Pensi se inspiró en la silla de Arne Jacobsen, un clásico de siempre. Algunas similitudes, por lo tanto, no deben sorprendernos. El programa *Gorka* cubre diversos modelos, con o sin tapicería, brazos, y accesorios como carritos y mesas. Materiales: asiento y respaldo de polyamida 6, con aluminio fundido para las patas, estructura y brazos. *Gorka* es un programa de sillas y bancos cuyo diseño está basado en un 95 % en la tecnología moderna. «MD Magazine», septiembre, 1993.

The task was to design a family of chairs to suit a variety of demands, from the simple four-leg version and the castor-based office version to the bench system. The briefing was, on the one hand, so precise as to become restrictive, while on the other hand the solution was so open to interpretation that Pensi viewed it with pleasure rather than as work. Those are his own words, to which he added: "The quality of the design depends on the quality of the order". Among other factors, Jorge Pensi was inspired by Arne Jacobsen's chair, long since a classic. Certain resemblances therefore come as no surprise. The "Gorka" range comprises various models with or without upholstery, arms and accessories such as desks and trolleys. The materials: seat and back are a "Polyamide 6" shell, with cast aluminium for the feet, frame and arms. "Gorka" is a series of chairs and benches with up to 95 per cent of the design based on modern technology. "MD Magazine", September, 1993.

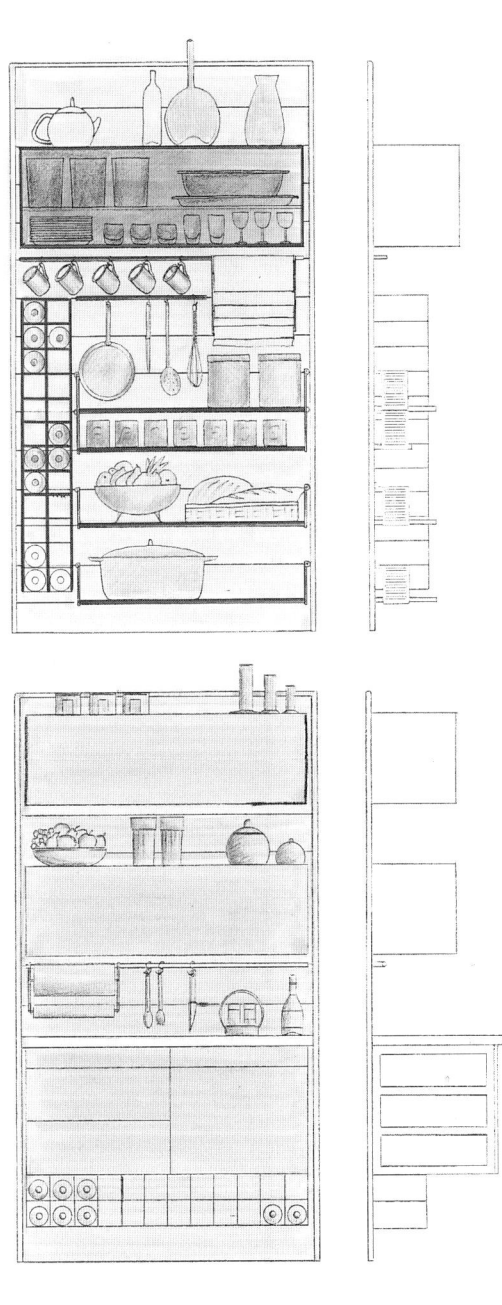

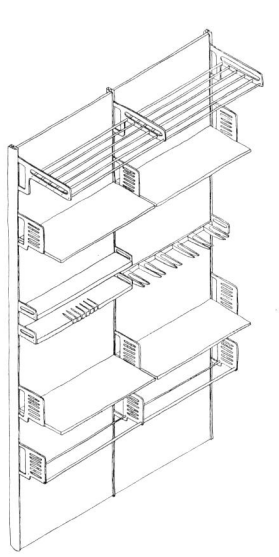
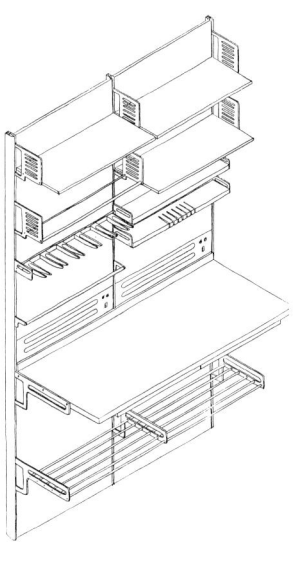

Babelia. Programa de mobiliario para la cocina compuesto por paneles murales, distintos accesorios y contenedores independientes. Ciatti. Florencia (1991).

Babelia. Programme of kitchen furniture comprising wall panels and various independent accessories and cupboards. Ciatti. Florence (1991).

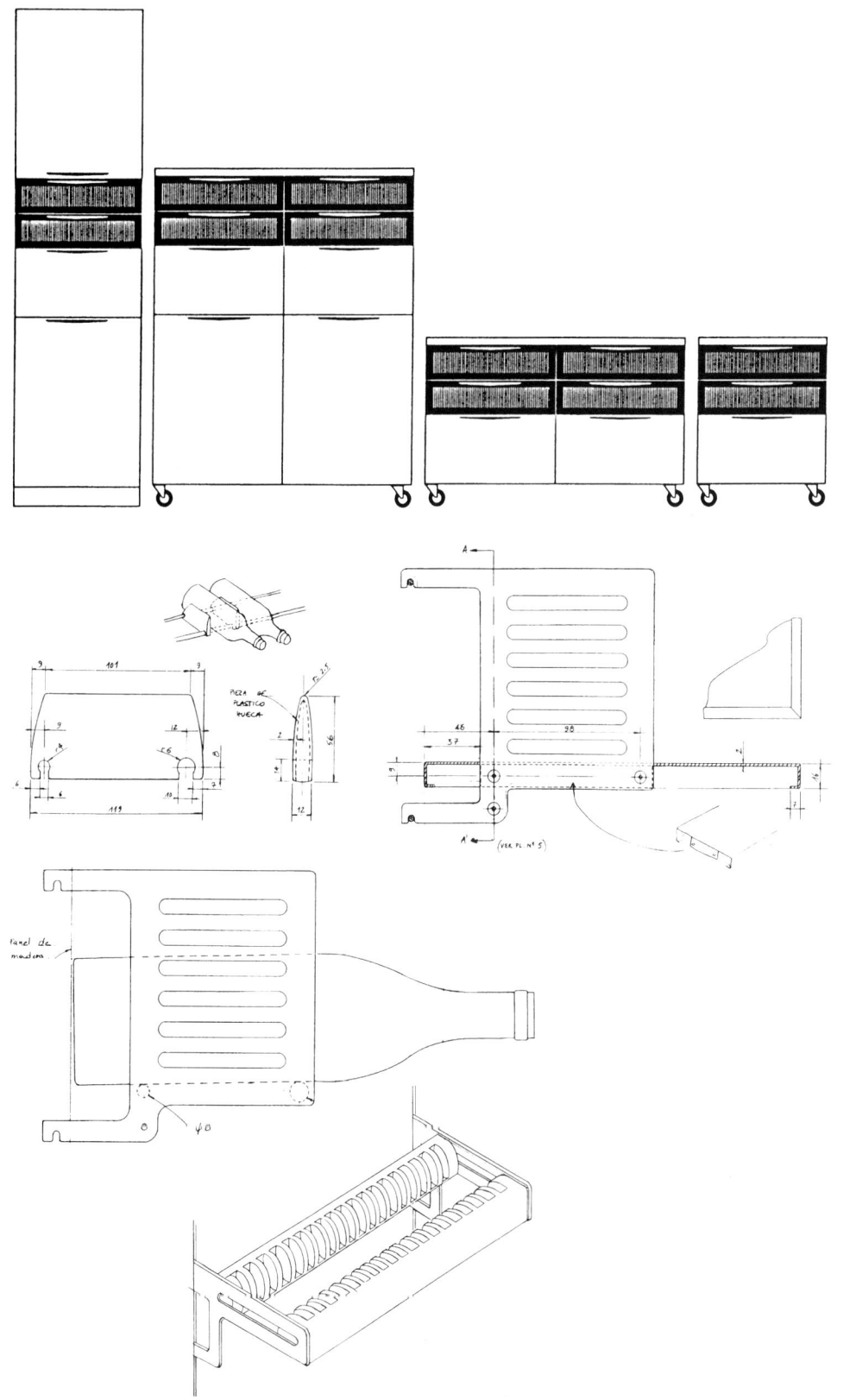

37

Contenedores Babelia. Madera de cerezo con acabado satinado, tiradores de aluminio inyectado en cajones y puertas de acero inoxidable perforado. Ciatti. Florencia (1991).

Babelia cupboards. Satin-finish cherry wood, handles of injected aluminium, drawers and doors of perforated stainless steel. Ciatti. Florence (1991).

Butaca de la colección Domo, diseñada en colaboración con Alberto Liévore. Kron Madrid y Kron USA. Fort Lauderdale (1983).

Armchair from the Domo collection, designed in collaboration with Alberto Liévore. Kron, Madrid and Kron USA. Fort Lauderdale (1983).

Librería perteneciente a la colección Projects de A. Studio. Florencia (1991). Materiales: acero cromado, aluminio inyectado y madera.

Bookcase from the collection Projects for A. Studio. Florence (1991). Materials: chromed steel, injected aluminium and wood.

Sutil. Programa de sillas, asientos y mesas bistró. Materiales: aluminio inyectado pulido o barnizado y tablero multilaminado de madera. Andreu World. Valencia (1993).

Sutil. Programme of bistro chairs, seats and tables. Materials: polished or varnished injected aluminium and plywood board. Andreu World. Valencia (1993).

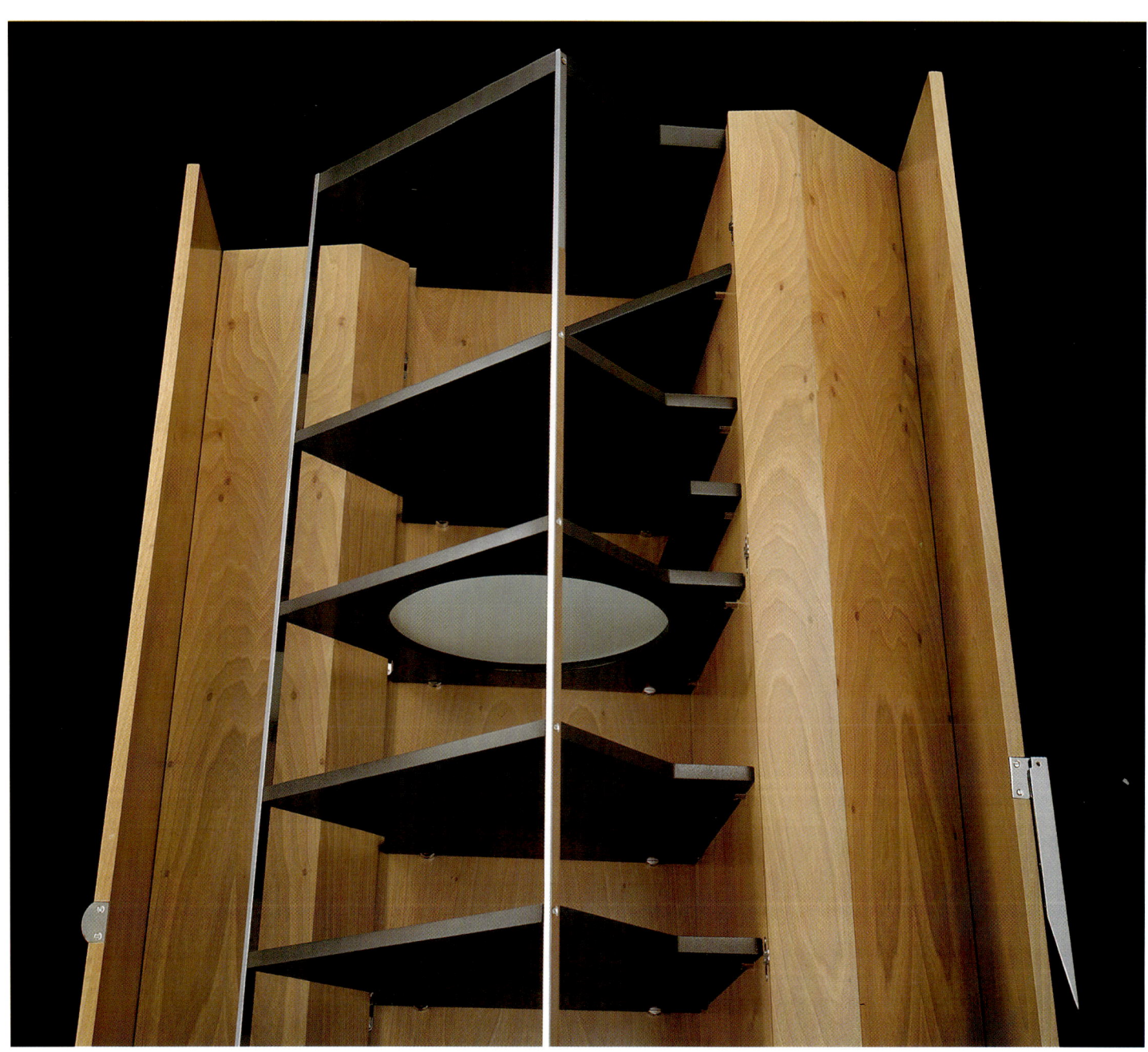

Avai. Contenedor vertical de uso doméstico. Su distribución interior varía de acuerdo al uso al que se lo destine: bar, aparador o equipo de música. Diseñado para la colección Forum de Chueca. Valencia (1992).

Avai. Vertical cupboard for domestic use. The interior layout varies in relation to the intended use: bar, dishes, music system, etc. Designed for the Forum collection by Chueca. Valencia (1992).

LAMPARAS

Es posible que la obra de Pensi pueda algun día considerarse como paradigma del correcto funcionamiento profesional, pero hoy todavía , su obra se entiende como testimonio y, en el campo del diseño de iluminación, como una correcta relación con el proyecto a través del proceso básico que va del boceto al prototipo, de la ingeniería a la producción. Un proceso, que a diferencia de lo que ocurre en el campo de la arquitectura, suele olvidarse tan pronto como se ha terminado... Es la falta de conciencia del proceso de diseño que Domus quiere poner de manifiesto. No tanto una imagen, que es una tendencia, sino un método de trabajo. Marco Romanelli en «Domus», n.º 701, enero, 1989.

LAMPS

It is possible that Pensi's work could one day re-enter the category of correct professional operating, but today his work poses itself as testimony, in the field of lighting design, to a correct relationship to the project, through the fundamental evolution that from sketch passes to the prototype, to the engineering and production. A process that, unlike what happens in architecture, tends to be forgotten as soon as it is finished... It is this consciousness of the design process that Domus wishes to point out. As always, not so much image, that is tendency, but a method of working. Marco Romanelli, in "Domus", n.º 701, January, 1989.

Pequeña lámpara halógena de sobremesa de baja tensión. Estructura de latón fundido y cromado y difusores matizados de cristal. B. Lux. Vizcaya (1991).

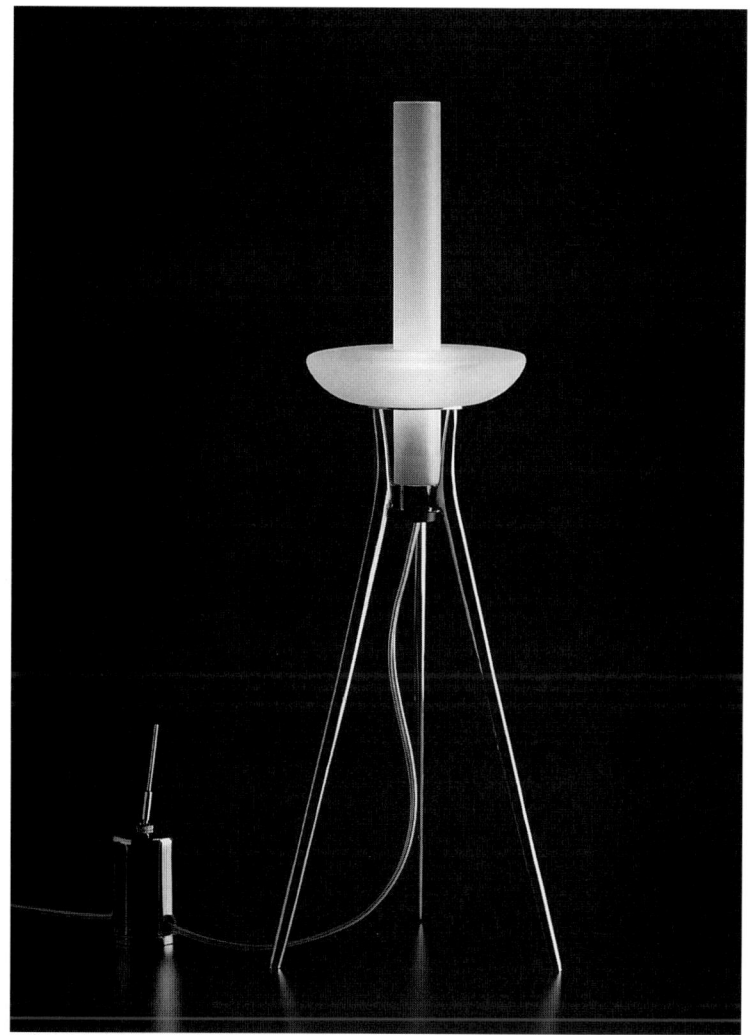

Lorea. A small low-voltage halogen table-lamp. Structure of chromed cast brass with tinted glass diffusers. B. Lux. Vizcaya (1991).

Merece la pena detenerse en el proceso de diseño de los elementos de fundición... Entonces comienza la elaboración espacial de la pieza, que se realizará enteramente en el estudio de Jorge Pensi, bajo la directa responsabilidad de Diego Slemenson. El primer paso consiste en realizar un modelo en poliuretano rígido, cartón y madera, en

It is worth pausing for a closer look at the process of designing the cast metal elements... Then the spatial elaboration of the piece begins, and this is carried out entirely in Jorge Pensi's studio, under the direct supervision of Diego Slemenson. The first step consists of making a model in rigid polyurethane, cardboard and wood, which serves to

el que se definen y verifican los aspectos formales del objeto. Corregidos los posibles defectos, o sorpresas debe comprobarse la buena adecuación del objeto a su futuro uso. Para ello se construye un prototipo funcional... Resueltos todos estos problemas, se procede a elaborar los modelos definitivos en aluminio que se fabrican

define and check out the formal aspects of the object. Having corrected any defects or surprises, the object's successful adaptation to its intended use has to be ascertained. For this, a working prototype is constructed... Once all these problems have been resolved, the next step is to produce definitive models in aluminium which are

artesanalmente; funcionan como matriz de los moldes que permitirán la producción seriada de las piezas. Una vez fundidas, las pantallas, pies y bases no requieren más que un pulido para obtener su acabado definitivo... Olympia ha surgido en el panorama del diseño de nuestro país con la vocación de ser una lámpara distinta. Sus formas y la densidad del brillo del aluminio nos remiten a otras décadas, a los cincuenta, pero también a otros lugares. América entonces, Barcelona hoy. Daniel Gómez Valcárcel en «ON Diseño», n.º 105, 1989.

handmade by craftsmen, and serve as dies for the moulds needed for the large-scale manufacture of the pieces. When cast, the shades, stands and bases only need polishing to attain their final finish... Olympia has emerged on the design landscape of this country resolved to be a different kind of lamp. Its forms and the density of the glow given off by the aluminium carry us away to other times, to the fifties, and to other places, America then, Barcelona today. Daniel Gómez Valcárcel, "ON Diseño", nº. 105, 1989.

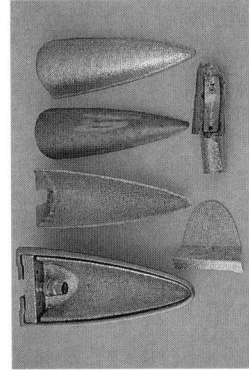
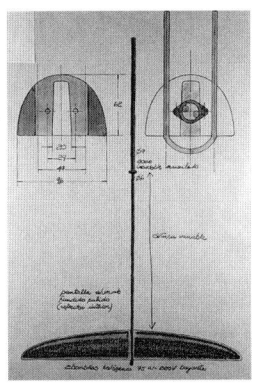

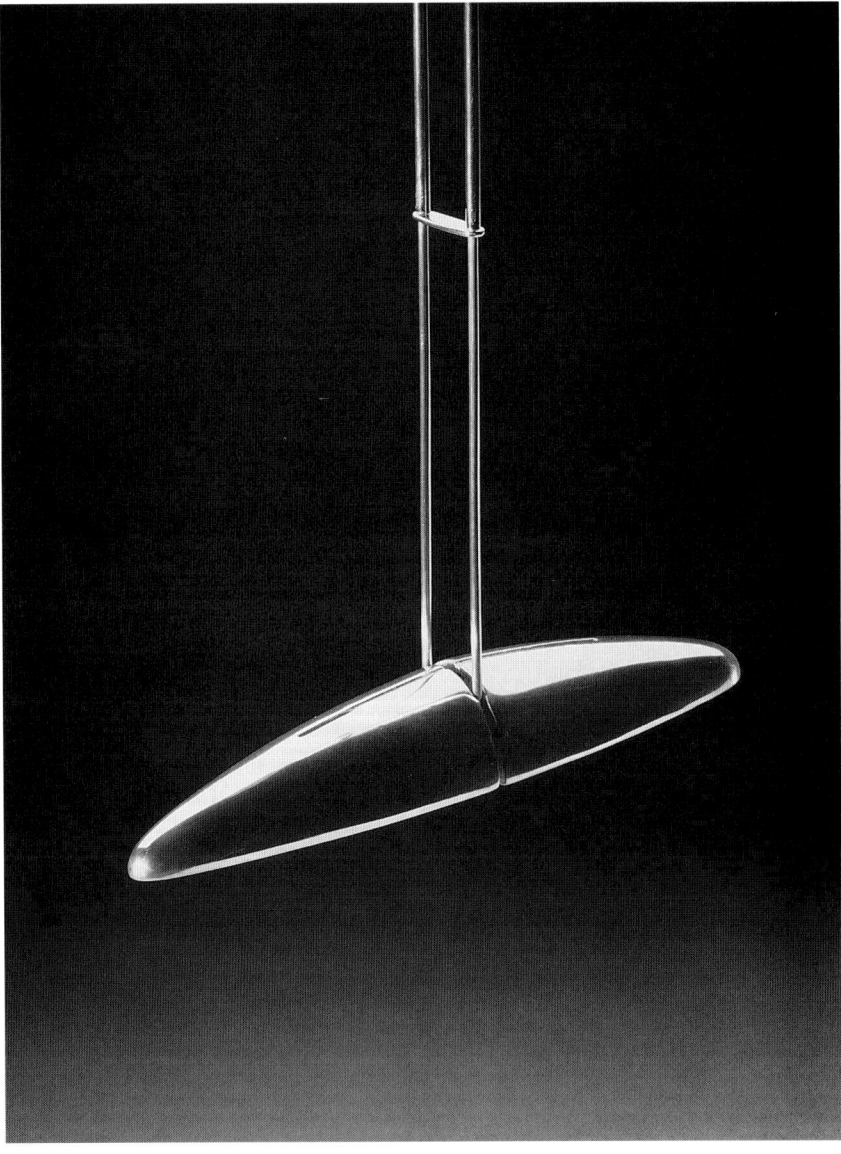

Suspensión de techo de la colección Olympia. Aluminio fundido, pulido y brillante. B. Lux. Vizcaya (1987).

Ceiling lamp from the Olympia collection. Brilliant polished cast aluminium. B. Lux. Vizcaya (1987).

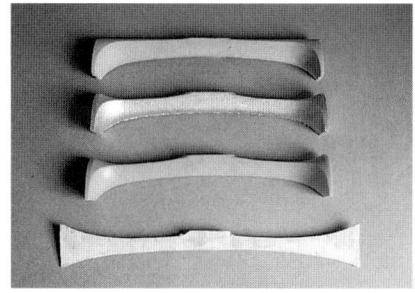
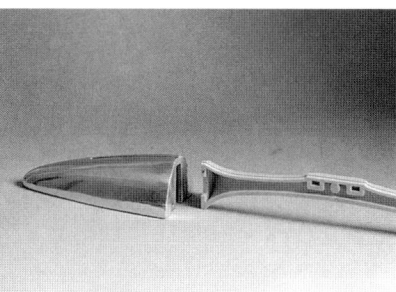

Suspensión de techo Olympia Billar incorporada a la colección en 1988. B. Lux. Vizcaya.

Olympia Billar ceiling lamp, added to the collection in 1988. B. Lux. Vizcaya.

Bluebird: lámpara de escritorio que combina dos materiales diferentes: aluminio cromado y madera. B. Lux. Vizcaya (1989).

Bluebird: desk lamp combining two different materials: chromed aluminium and wood. B. Lux. Vizcaya (1989).

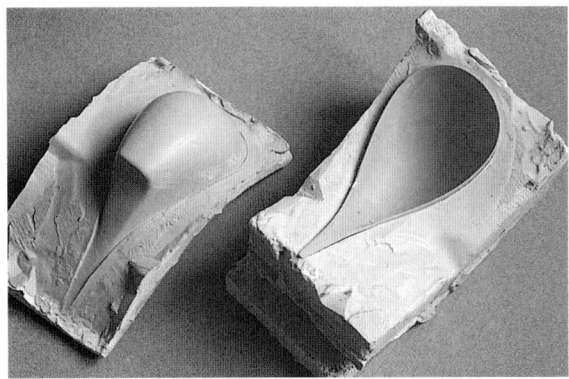

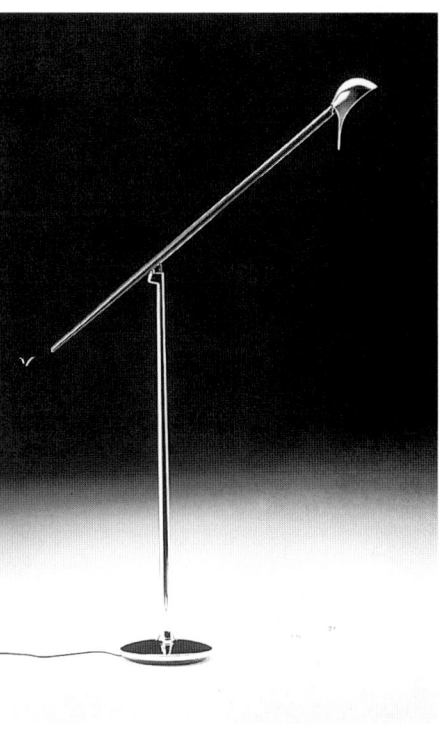

Detalle de las cabezas Bluebird en dos distintos acabados: cromo brillante y cromo negro.

Detail of the Bluebird head in two different finishes: brilliant chrome and black chrome.

Aplique de luz indirecta Balart. Aluminio fundido brillante y madera de haya. B. Lux. Vizcaya (1991).

Balart reflecting wall lamp. Brilliant cast aluminium and beech wood. B. Lux. Vizcaya (1991).

Estudio del efecto de la luz en un modelo no producido.

Study of the light effect created by an unproduced model.

Detalle de la cabeza de la lámpara de sobremesa Laila. Acero y cristal. Lite. Vanlux. Vizcaya (1991).

Detail of the head of the Laila table lamp. Steel and glass. Lite, Vanlux. Vizcaya (1991).

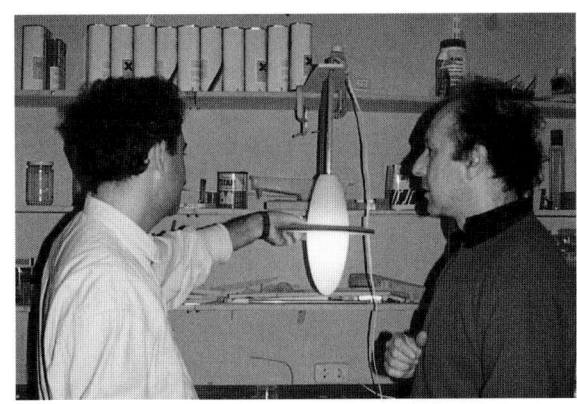
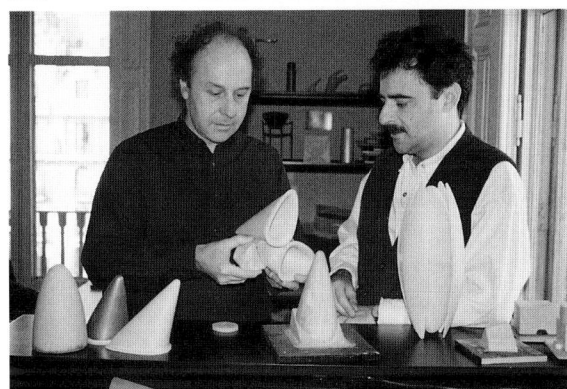

Proceso de desarrollo de nuevos modelos para B. Lux.

Process of development of new models for B. Lux.

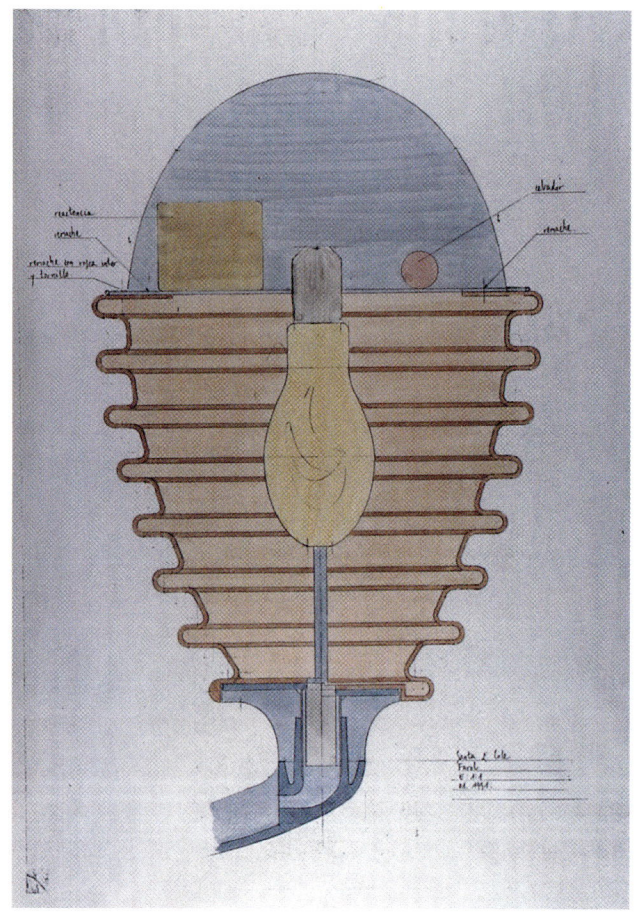

Universal. Luminaria urbana. Materiales: polietileno blanco antivandálico y aluminio inyectado barnizado. Santa y Cole. División Urbana. Barcelona (1990).

Universal. Urban lighting. Materials: white vandal-proof polyethylene and varnished injected aluminium. Santa & Cole, Urban Division. Barcelona (1990).

Paseando por el barrio gótico de Barcelona, donde Jorge vive y trabaja, pensó en una farola moderna con vocación clásica. La idea de base del proyecto era que el diálogo con el entorno tenía que ser sutil, y la forma de la farola tan sobria y elegante que pudiera pasar inadvertida sin tener la prepotencia de imponerse. La búsqueda de una forma claramente neoclásica que no se impusiera resultó, en principio, insatisfactoria. Fueron descartados los primeros dibujos y bocetos, por lo que hubo que replantear el problema varias veces. Su forma de trabajo es una búsqueda de la perfección del diseño inicial, donde cada vez que surgen dudas se eliminan los croquis y se vuelve a empezar de cero. En la memoria proyectual del artista se seleccionan las cualidades y permanecen en ese recuerdo que permite después su repetición en los diseños sucesivos. Mirko Meyetta en «Diseño Interior», n.º 10, diciembre, 1991.

As he was strolling around Barcelona's Gothic Quarter, where he lives and works, Jorge thought of the idea for a modern streetlamp with a classical character. The basic idea of the project was that the dialogue with the context had to be subtle, and the form of the lamp sober and elegant enough to be able to pass unnoticed, rather than presuming to call attention to itself. The search for a clearly neoclassical form that would not impose itself proved initially unsatisfactory. The first drawings and sketches were rejected, with the result that the problem had to be reappraised several times. Pensi's way of working is to seek to perfect the initial design, and whenever doubts arise, to scrap the drawings and start again from scratch. The artist's project report selects and retains the desired qualities, and this record then allows these to be incorporated into the successive versions of the design. Mirko Meyetta in "Diseño Interior", n.º 10, December, 1991.

Lámparas de sobremesa de la colección Regina. Aluminio pulido brillante. B. Lux. Vizcaya (1987).

Table lamp from the Regina collection. Brilliant polished aluminium. B. Lux. Vizcaya (1987).

Suspensión de techo y aplique de pared de la colección Regina.

Ceiling and wall lamps from the Regina collection.

Distintas fases del proceso de diseño.

Various different phases of the design process.

OBJETOS

Pensi es un español nacido en Buenos Aires con cuatro apellidos italianos. Sobre su enorme y vacía mesa, se encuentran un lápiz, un papel y una goma de borrar. Dos pisos más abajo hay un taller donde se arremanga entre espumas, maderas, taladros y muelas. De allí salen los prototipos, en un proceso creativo donde el dibujo es sólo el pretexto para comunicar con los colaboradores, el apunte escrito para salvar la memoria de una idea. Le gusta que sus objetos gusten. Los venera con un meticuloso y constante culto fotográfico... He hablado de él, de Pensi, que he llegado a apreciar tanto como a su trabajo. De los objetos hablan mejor las imágenes. Mirko Meyetta en, «Interni», n.º 392, julio/agosto, 1989.

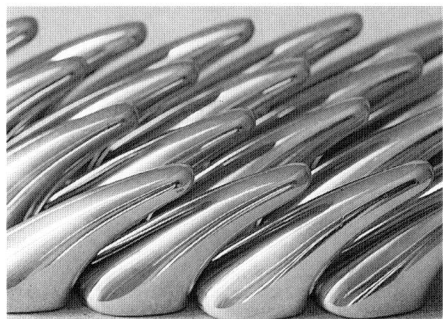

OBJECTS

Pensi is a Spaniard, born in Buenos Aires, with four Italian surnames. On his table, enormous and bare, are a pencil, a sheet of paper and a rubber. Two floors below is the workshop, where he rolls up his sleeves and gets down to work amongst the foam and the wood, the drills and lathes. The prototypes are produced here, in a creative process in which the drawing is merely the pretext for communication with the project team... He is pleased that his objects please people. He honours them with a continuing and meticulous photographic homage... I have spoken of him, of Pensi, whom I have come to appreciate as much as I do his work. The objects are better spoken of by the images. Mirko Meyetta in, "Interni", n.º 392, July/August, 1989.

Amix. Serie de accesorios de baño en aluminio inyectado cromado y extruído y cristal. Inno Interior Ky. Helsinki (1988).

Amix. Series of bathroom accessories in chromed injected aluminium, chromed extruded aluminium and glass, Inno Interior Ky. Helsinki (1988).

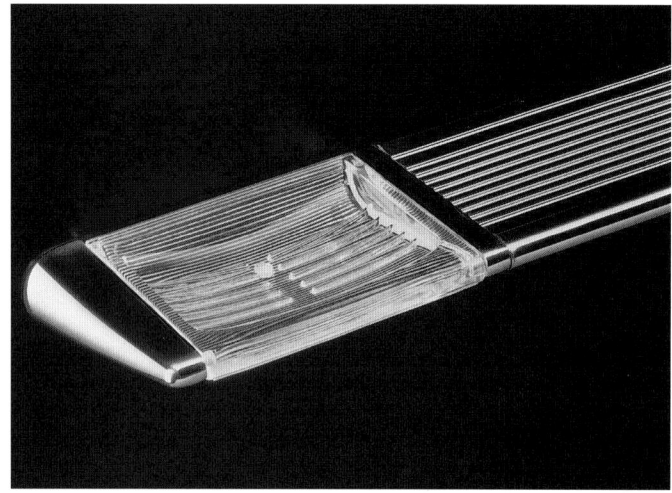
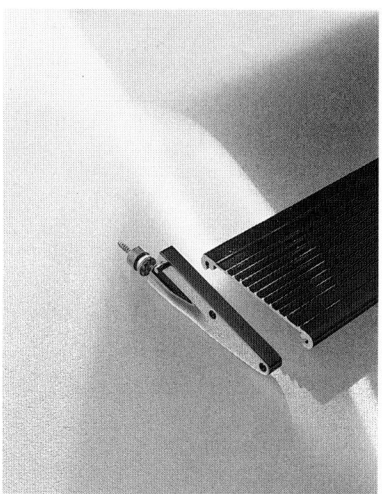
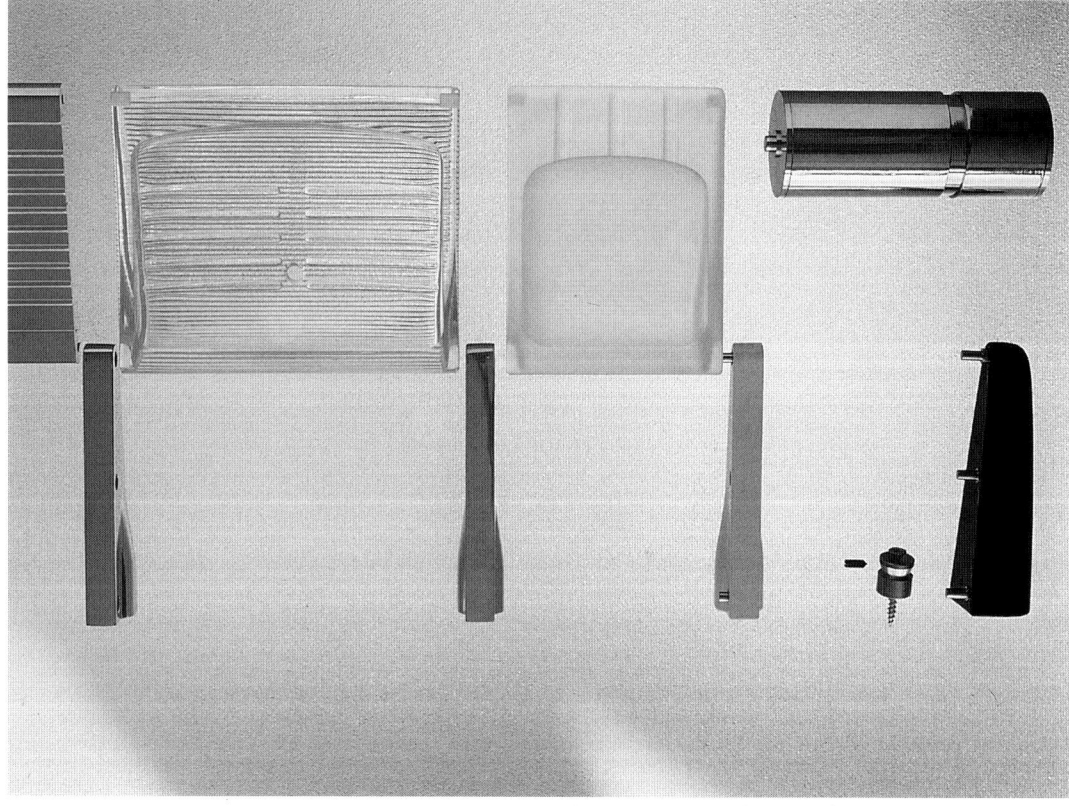

Detalle de las jaboneras de cristal.

Detail of the glass soap-dishes.

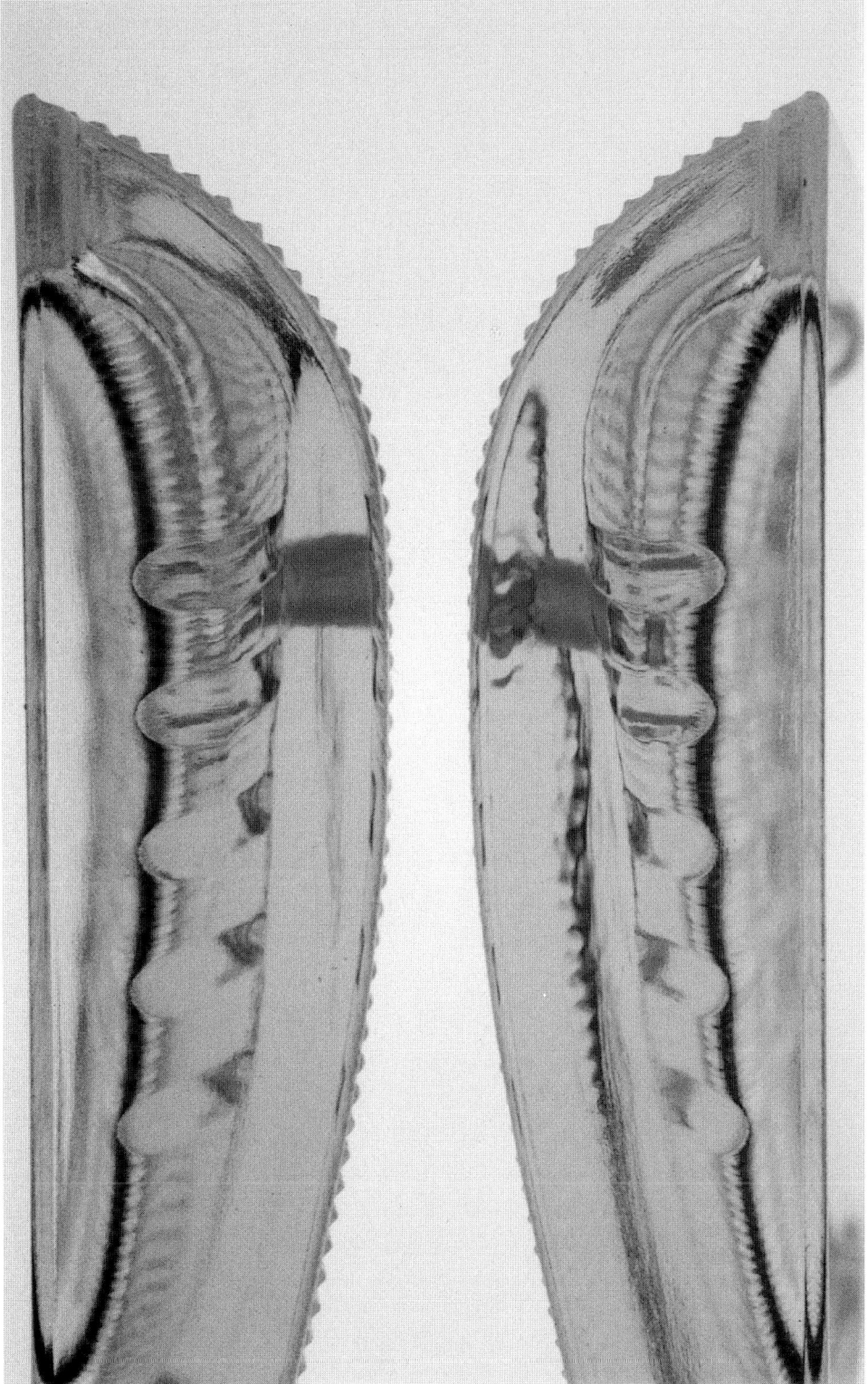

Serie de accesorios para oficina en plástico inyectado. Prototipos nunca producidos. Vanini. Milán (1991).

Series of office accessories in injected plastic. Prototypes never produced commercially. Vanini. Milan (1991).

Tres elementos conectados: caja con tapa, portalápices y caja.

Three related elements: box with lid, pencil-holder and box.

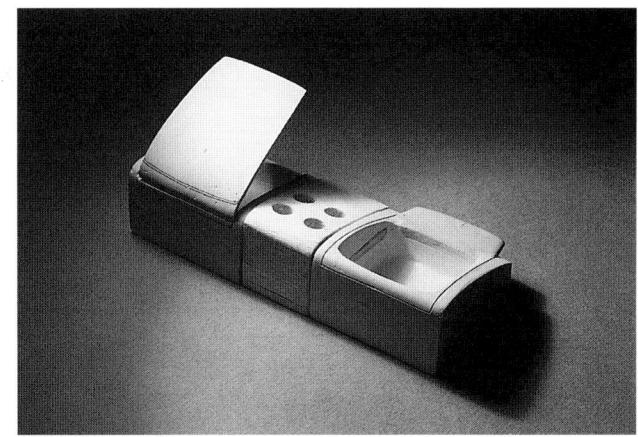

Portalápices vertical.

Porta-celo.

Caja rectangular con tapa.

Adhesive tape dispenser.

Upright pencil-holder.

Rectangular box with lid.

Bandeja y bandeja con tapa. Modelos de estudio. WMF. Alemania (1990).

Tray and tray with lid. WMF, Germany. Working models (1990).

Calenda. Serie de accesorios para escritorio, de aluminio extruido anodizado y plexiglás metalizado. En colaboración con Carme Casares. Sabat. Barcelona (1989).

Calenda. Series of desk accessories in anodized extruded aluminium and metallized perspex. In collaboration with Carme Casares. Sabat. Barcelona (1989).

Porta-celo de la colección Calenda. Aluminio fundido y extruido. En colaboración con Carme Casares. Sabat. Barcelona (1990).

Caja con tapa de la misma colección.

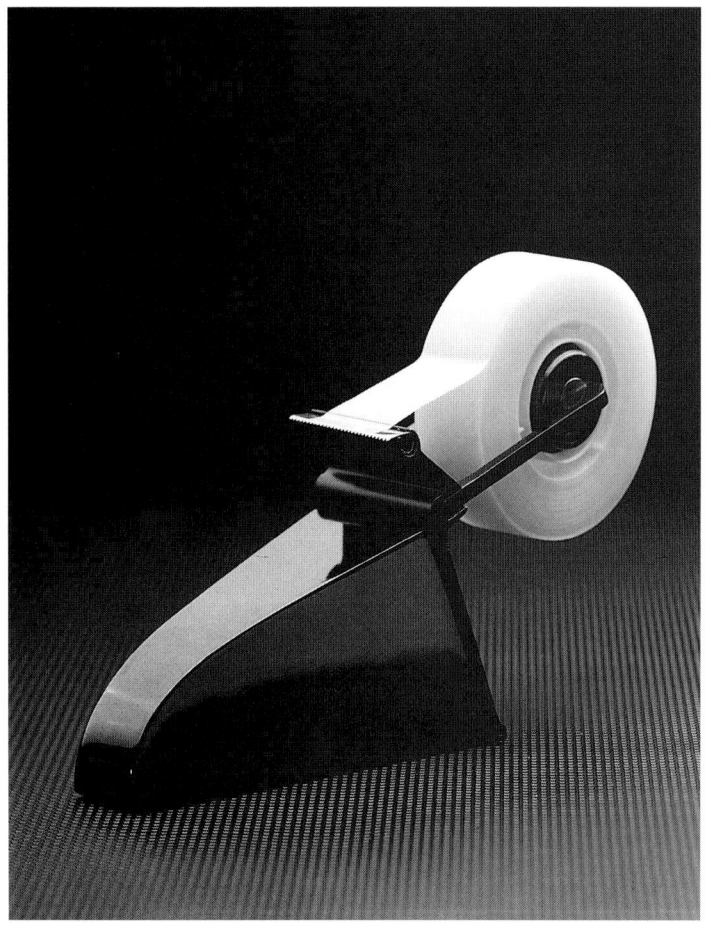

Adhesive tape dispenser from the Calenda collection. Cast and extruded aluminium. Sabat. Barcelona (1990). In collaboration with Carme Casares.

Box with lid from the same collection.

Candelabro de acero cromado y cristal transparente o matizado. Colección Soko. Barcelona (1990).

Candlestick in chromed steel and clear or tinted glass. Soko collection. Barcelona (1990).

Candelabro de aluminio fundido pulido. Colección Soko. Barcelona (1990).

Candlestick in polished cast aluminium. Soko collection. Barcelona (1990).

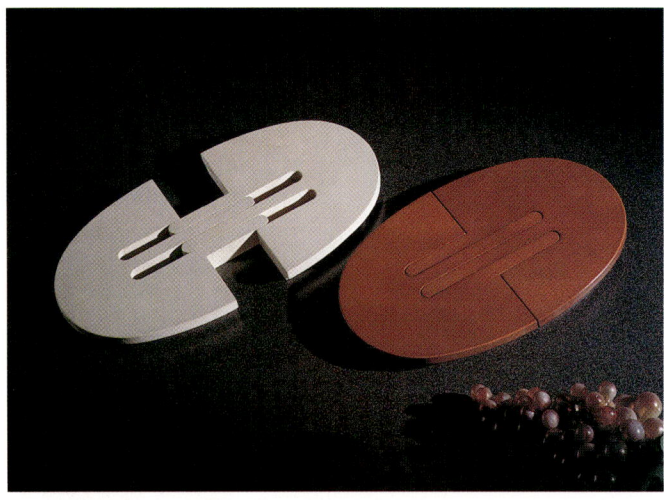

Salvamantel extensible de madera barnizada de la colección Soko. Barcelona (1990).

Extensible tablemat in varnished wood from the Soko collection. Barcelona (1990).

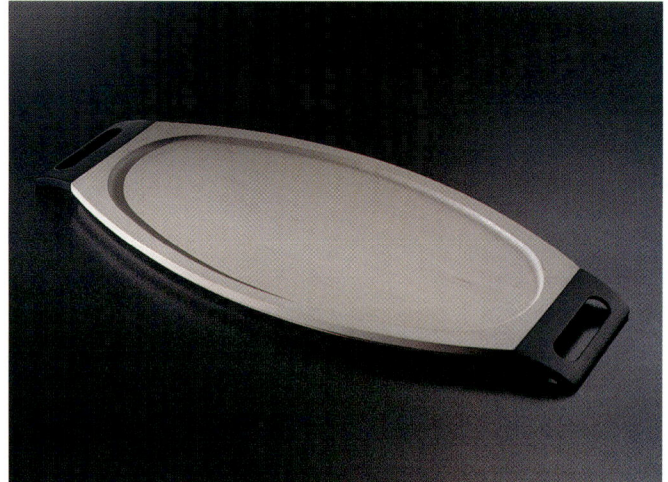

Tabla de queso y bandeja en madera barnizada y aluminio pulido, brillante o lacado.

Cheeseboard and tray. Varnished wood and brilliant polished or lacquered aluminium.

Frutero de aluminio anodizado y acero. Colección Soko. Barcelona (1990).

Fruit bowl in anodized aluminium and steel. Soko collection. Barcelona (1990).

Cenicero, papeleras y papelera con cenicero. Perchero de pie, paragüero.

Ashtray, wastepaper baskets and wastepaper basket with ashtray. Coatstand and umbrella stand.

Mesa auxiliar con sobre de madera o de cristal con luz.

Occasional table with top in wood or glass with light.

Colección de accesorios para oficina Fámuli. Materiales: acero pintado. Cidue. Vicenza (1992).

Fámuli collection of office accessories. Materials: painted steel. Cidue. Vicenza (1992).

Diseños de estampados para toallas. En colaboración con Carme Casares. Stia, Imabari. Japón (1990).

Designs for prints for towels. In collaboration with Carme Casares. Stia, Imabari. Japan (1990).

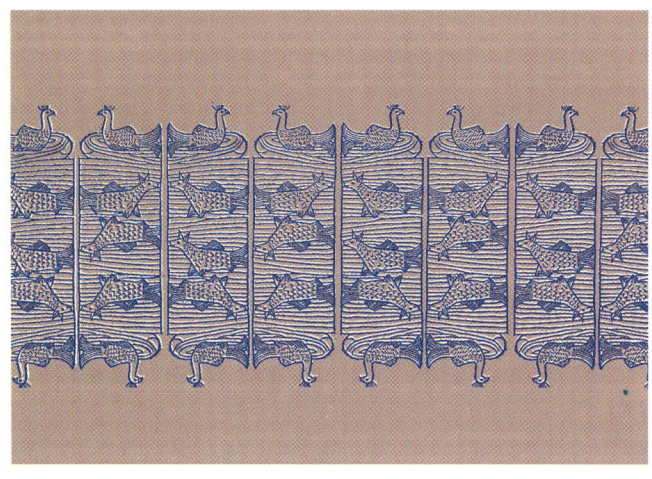

Alfombra Hélix. En colaboración con Carme Casares. Nani Marquina. Barcelona (1989).

Hélix carpet. In collaboration with Carme Casares. Nani Marquina. Barcelona (1989).

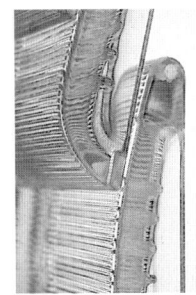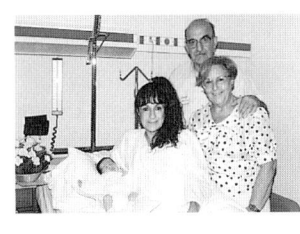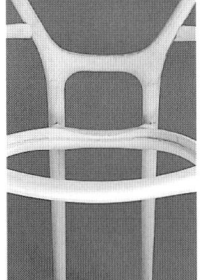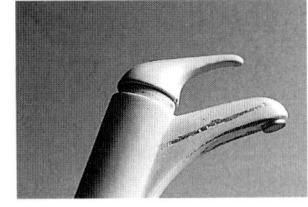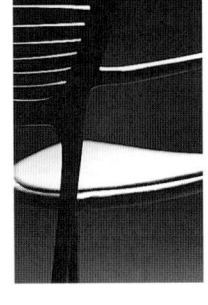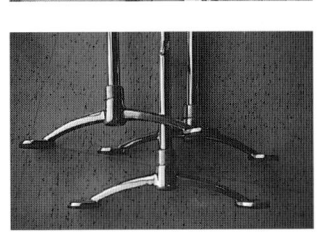

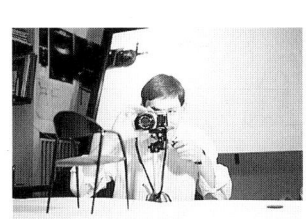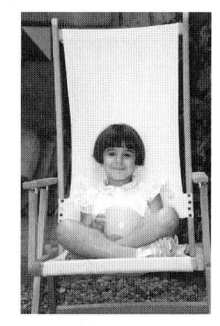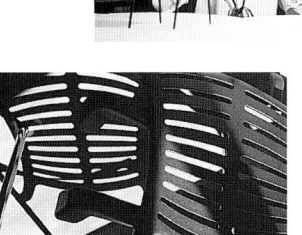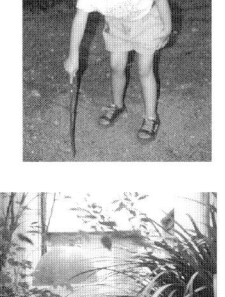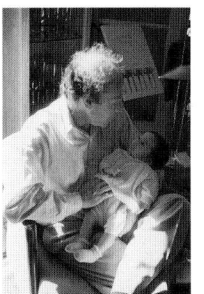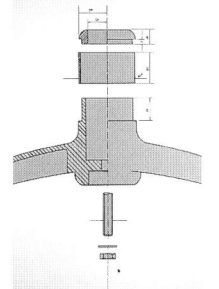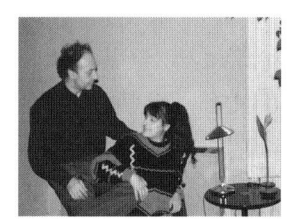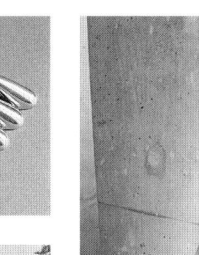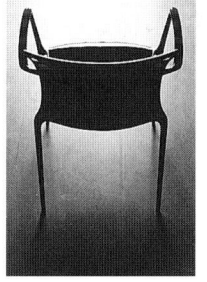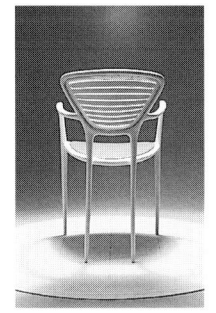

LOS AÑOS CON LIEVORE

La labor de Alberto Liévore y Jorge Pensi, aun dentro de una íntima y reconocible andadura compartida, debe estudiarse en dos etapas. La primera se inicia en 1977 cuando llegan, procedentes de Argentina tras desarrollar una intensa producción, y constatan en España un paraje desolado para el ejercicio del diseño. Con su asociación profesional inician una rica trayectoria marcada por la seriedad proyectual y la capacidad técnica resolutiva. Pero a su labor como diseñadores aportan una nueva visión integral en cuanto a la concepción y definición del producto, que llega a controlar desde la estrategia productiva, a la imagen gráfica, o la publicidad de cada pieza diseñada. De este modo aportan una inusual preocupación global por el objeto mediante la intervención durante todo su ciclo vital, desde su concepción hasta la venta. Su participación en el Grupo Berenguer (nombre de la plaza donde se ha ubicado hasta la fecha el estudio común) junto a los teóricos Noberto Chaves y Oriol Pibernat ha supuesto un enriquecimiento de su capacidad metodológica para afrontar cualquier fragmento del proceso de diseño. Las piezas de este período, firmadas en común, pensadas principalmente para la empresa Perobell y su sección Latina, o Kron, suponen un repertorio de diseño sereno, confortable, de sólida apariencia, que se confunde vagamente con un cierto aire de ya conocido clasicismo dentro de la memoria colectiva. Casi todas estas piezas siguen hoy en día teniendo una vigencia estética y también comercial. En 1984, de mutuo acuerdo, Pensi y Liévore deciden separar su actividad profesional, aunque no su amistad, colaboración y pertenencia al Grupo Berenguer. Como si hubieran agotado una etapa de búsqueda y aprendizaje común sienten el apremio de liberar finalmente sus manos para indagar con soltura en terrenos más personales y diferenciados. Pero lejos de suponer un trauma o perjudicar su producción, las trayectorias en solitario de cada componente del reputado tándem parecen haber salido ganando, y comienzan a ofrecer sorpresas en una clara tendencia hacia la madurez creativa. Juli Capella/Quim Larrea, *Nuevo Diseño Español*, Editorial Gustavo Gili, S.A., Barcelona, 1991.

THE YEARS HITH LIEVORE

The work of Alberto Liévore and Jorge Pensi needs to be studied in two phases, albeit within an intimate and clearly recognizable joint progress. The first stage began in 1977, when they arrived from Argentina, where they had already produced a considerable body of work, and found in Spain an unpromising locus for the practice of design. With the establishment of their professional partnership, they then initiated a highly fruitful evolution marked by the seriousness of their approach and their considerable technical capabilities. Moreover, they brought to their work as designers a new holistic vision which they applied to the conception and definition of the product, controlling everything from the manufacturing strategy to the graphic image and the promotion of each of the pieces they designed. In this way they evidenced an unusually all-embracing concern with the object, through their involvement in every stage of its life-cycle, from conception to sale. Their participation in the Grupo Berenguer (so called after the square that is still today the location of the studio they share) together with the theoreticians Norberto Chaves and Oriol Pibernat has enriched their methodological capacity in the face of each and every one of the elements in the design process. The designs from this period, jointly created by both, and produced primarily for the Perobell company and its Latina division, or for Kron, constitute a design repertoire that is serene, comfortable, solid in its presence; designs which today seem to merge together in the collective memory, vaguely imbued with a certain quality of familiar classicism. There is hardly one of these pieces that has failed to retain not only its aesthetic but its commercial currency. In 1984, by mutual agreement, Pensi and Liévore decided to separate their professional activities, although their friendship, their joint collaborations and their membership of the Grupo Berenguer remain intact. As if they had come to the end of a shared period of research and apprenticeship, they both in the end felt the need to free their hands, so as to be able to explore more personal and quite differentiated territories. Far from being a trauma, however, or detrimental to their output, the subsequent individual careers of the components of the celebrated double act seem to have benefitted as a result, and the two are now beginning to surprise us with the fruits of their evidently ripening creativity. Juli Capella and Quim Larrea, *Nuevo Diseño Español*, Editorial Gustavo Gili, S.A., Barcelona, 1991.

Mesa Otis (Latina).
Imagen del estudio.

Otis table (Latina).
View of the studio.

Butaca Domo (Kron) y contenedor vertical Totem (Latina).

Domo armchair (Kron) and Totem upright cupboard (Latina).

Silla Ming (Indartu).
Ming chair (Indartu).

Distintas piezas de la colección Latina. Mesa Bleid (Arruti).

Various pieces from the Latina collection. Bleid table (Arruti).

Colección Isis (Gasisa) y Chaise Longue Ostende (Perobell).

Isis collection (Gasisa) and Ostende chaise longue (Perobell).

Sillón Senior
(Kron).

Senior chair
(Kron).

Colección Joker
(Perobell).

Joker collection
(Perobell).

Imagen gráfica de Perobell. Bar Teros y Estantería Babel (Latina).

Graphic image for Perobell. Teros bar and Babel shelving (Latina).

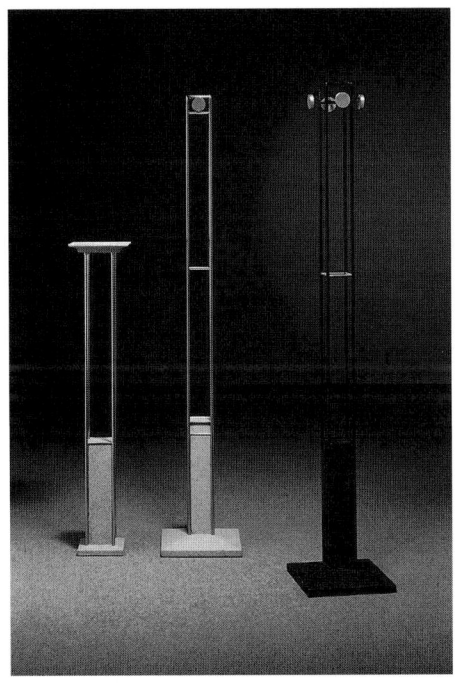

Vitrina Halino, escritorio Ausias, percheros y peana Lithos (Latina). Butaca Helsinoor (Perobell).

Halino cabinet, Ausias desk, Lithos coatstand and stand (Latina). Helsinoor armchair (Perobell).

JORGE PENSI (Buenos Aires, 1946)
Arquitecto y diseñador industrial

Tras iniciar su actividad profesional en su país de origen, se trasladó a España en 1975, donde adoptó la nacionalidad española.

Establecido en Barcelona desde 1977, ha especializado su labor en el área del diseño de mobiliario, iluminación, imagen visual de los productos proyectados y diseño de montajes para grandes acontecimientos. Esporádicamente colabora con Carme Casares en el área del diseño gráfico y textil.

Desde 1989 es frecuente su colaboración con empresas de Italia, Alemania, Finlandia y Estados Unidos, para el diseño de productos.

En los últimos años, junto con su actividad profesional, desarrolla una actividad didáctica, dando cursos y conferencias en distintos países.

La actividad de **Jorge Pensi** ha sido destacada y premiada en numerosas ocasiones en España y otros países. Entre los últimos premios recibidos mencionamos:

– Primer premio **Selección SIDI** 1988 a la mejor pieza de mobiliario (silla Toledo).
– Primer premio **Selección SIDI** 1988 a la mejor pieza de iluminación (Olympia Billar).
– Primer premio **Selección SIDI** 1989 a la mejor pieza de iluminación (Bluebird).
– Primer premio **Selección SIDI** 1990 a la mejor pieza de iluminación (Marie).
– **Delta de Plata ADI-FAD** 1988 (silla Toledo).
– **Delta de Plata ADI-FAD** 1988 (lámpara Regina).
– Primer premio de iluminación **SPEC & NEOCON** SHOW, Chicago USA, 1988 (lámpara Regina).
– Premio **IMPIVA** 1989 para la colección de sillas Sankai.
– Reconocimiento a la labor profesional, **Gremio Provincial de Comerciantes de Muebles,** 1989.
– **Design Auswahl 90** del Centro de Diseño de Stuttgart, Alemania, a la silla Toledo.
– **Premio Nuevo Estilo 1990,** al sillón Suite Palace.
– Inclusión de la silla Toledo en la **Sitz-Avantgarde** del Centro de Diseño de Nordrhein Westfalen, Alemania. 1991.

JORGE PENSI (Buenos Aires, 1946)
Architect and industrial designer

After commencing his professional career in his native Argentina, he moved to Spain in 1975, and is now a Spanish citizen.

Resident in Barcelona since 1977, he has specialized as a designer in the fields of furniture, lighting, the visual image of the products he designs and in the design of events. He periodically works in collaboration with Carme Casares on projects for graphic and textile design.

Since 1989 he has regularly worked on product designs for companies in Italy, Germany, Finland and the United States.

In recent years, in addition to his professional design work, he has been active in teaching, giving courses and lectures in many parts of the world.

Jorge Pensi's designs have received numerous accolades and awards, in Spain and internationally. Amongst the most recent awards are the following:

- First prize **SIDI Selection** 1988 for the best piece of furniture: the Toledo chair.
- First prize **SIDI Selection** 1988 for the best lighting design: Olympia Billar.
- First prize **SIDI Selection** 1989 for the best lighting design: Bluebird.
- First prize **SIDI Selection** 1990 for the best lighting design: Marie.
- **ADI-FAD Delta de Plata** 1988 for the Toledo chair.
- **ADI-FAD Delta de Plata** 1988 for the Regina lamp.
- First Prize for lighting at the **SPEC & NEOCON** SHOW, Chicago, USA, 1988 for the Regina lamp.
- **IMPIVA** Prize 1989 for the Sankai chair collection.
- **Gremio Provincial de Comerciantes de Muebles** award 1989 for outstanding furniture design.
- **Design Auswahl 90** award from the Stuttgart Design Centre, Germany, for the Toledo chair.
- **Premio Nuevo Estilo 1990** for the Suite Palace armchair.
- The Toledo chair included in the **Sitz-Avantgarde** of the Nordrhein Westfalen Design Centre, Germany, 1991.
- The Toledo chair included in the permanent collection of the **Vitra Museum,** 1991.

– Inclusión de la silla Toledo en la colección permanente del **Museo Vitra**. 1991.
– **Premio AEPD** a los mejores productos de la década: silla Toledo. Madrid 1992.
– Primer premio **Expohogar 1992,** Barcelona, al frutero de aluminio de la colección Soko.
– **Acclaim Award** del Institute of Business Designers, California, 1992, a la colección Lauro.

Principales hitos cronológicos

1977-1984 Colaboración con **Alberto Liévore** como integrantes del **Grupo Berenguer**. Fruto de esa colaboración destacan: el diseño de la imagen y los productos de Perobell, los muebles de oficina para Arruti, la colección Latina, los muebles tapizados para Kron, las sillas de la empresa Gasisa y el diseño del montaje e imagen del SIDI.
1984 Inicia su actividad en solitario.
1985 Presentación de la lámpara **Aura**, para B.LUX.
1986 Diseño de la mesa **París**, para AMAT.
1987 Presentación de las series de lámparas de aluminio **Regina y Olympia**, para B.LUX.
1988 Diseño de la serie de sillas **Sankai** para ANDREU WORLD. Presentación en Milán de la silla **Toledo**. Participación, en representación de España, en **The Wheeling Project**, con la tumbona Bearing-Relax, Milán.
1989 Diseño de la lámpara **Bluebird y Marie**, para B.LUX. Diseño de la serie de accesorios de baño **Amix**, para INNO (Finlandia). Participación en representación de España en: «**Thonet European Design Visions**» con la silla Orfila. Palazzo Visconti, Milán. Comienza la colaboración profesional con WMF (Alemania).
1990 KNOLL INTERNATIONAL comienza la distribución en EEUU de «**The Pensi Collection**». Presentación en Neocon, Chicago USA, de la colección de asientos **Aranda**, para KRON USA. Creación de la colección de mobiliario «**The Classics of the Future**» para ALIVAR, Italia. Diseño

- **Premio AEPD** for the best products of the decade for the Toledo chair, Madrid, 1992.
- First Prize at **Expohogar 1992** for the aluminium fruitbowl from the Soko collection.
- **Acclaim Award** of the Institute of Business Designers, California, for the Lauro collection, 1992.

Main Achievements

1977-1984 Works in collaboration with **Alberto Liévore** in the **Grupo Berenguer**, creating product designs and corporate image for Perobell, office furniture for Arruti, the Latina collection, upholstered furniture for Kron, chairs for Gasisa and image and layout for the SIDI.
1984 Begins working as an independent designer.
1985 Presentation of the **Aura** lamp, for B. LUX.
1986 Designs the **Paris** table, for Amat.
1987 Presentation of the **Regina** and **Olympia** series of aluminium lamps, for B. LUX.
1988 Designs the **Sankai** series of chairs for ANDREU WORLD. Presentation of the **Toledo** chair in Milan. Represents Spain in **The Wheeling Project**, Milan, with the Bearing-Relax couch.
1989 Designs the **Bluebird** and **Marie** lamps, for B. LUX. Designs the **Amix** series of bathroom accessories, for INNO, Finland. Represents Spain in the "**Thonet European Design Visions**" show in the Palazzo Visconti, Milan, with the Orfila chair. Begins his design collaboration with WMF (Germany).
1990 KNOLL INTERNATIONAL begins distribution of "**The Pensi Collection**" in the USA. Presentation of the **Aranda** seating collection for Kron USA at Neocon, Chicago. Creates the "**Classics of the Future**" furniture collection for ALIVAR, Italy. Designs chairs for DRIADE, Italy.
1991 Designs the **Lorea** lamp for B. LUX. Designs the **Club** chair for CARLOS JANÉ. Presentation of the **Sunday** collection of chairs for ANDREU WORLD. Presentation of

de sillas para DRIADE, Italia.

1991 Diseño de la lámpara **Lorea** para B.LUX. Diseño de la silla **Club** para CARLOS JANÉ. Presentación de la colección de las sillas **Sunday** para ANDREU WORLD. Presentación del **Farol Universal** de SANTA & COLE, en Construmat (Barcelona). Presentación en Milán de la butaca **Liberty** de PEROBELL. Presentación en EIMU de la **mesa Toledo** (Milán). Comienza la colaboración profesional con AKABA (España), KNOLL INTERNATIONAL (USA), CIATTI, CIDUE, FLOS-VANINI (Italia) y V.S. (Alemania).

1992 Diseño de la serie **Gorka** para AKABA. Diseño de la silla **Linda** para CABAS (Italia). Diseño de la serie **Sutil** para ANDREU WORLD (España). Presentación en Euroluce, Milán, de la colección **Lite** de VAN LUX (España). Presentación en el Salón del Mueble de Milán de: «**The Classics of the Future**» para ALIVAR, la silla **Maya** para DRIADE y la colección **Famuli** para CIDUE.

1993 Presentación de la serie **Gorka**. Presentación de la serie **Sutil**. Presentación del programa **Babelia** de CIATTI en Eurocucina y el Salón del Mueble de Milán. Participación en representación de España en «**La Sedia Europea made in Italy**», PROMOSEDIA Udine (Italia). Presentación en la Feria del Mueble de Valencia del contenedor **Avai** para la colección Forum, de CHUECA.

the **Farol Universal** for SANTA & COLE at Construmat, Barcelona. Presentation of the **Liberty** armchair for PEROBELL in Milan. Presentation of the **Toledo Table** at EIMU in Milan. Begins his design collaboration with AKABA (Spain), KNOLL INTERNATIONAL (USA), CIATTI, CIDUE, FLOS-VANINI (Italy) and V.S. (Germany).

1992 Designs the **Gorka** contract seating programme for AKABA. Designs the **Linda** chair for CABAS (Italy). Designs the **Sutil** contract seating programme for ANDREU WORLD (Spain). Presentation of the **Lite** collection of lamps for VANLUX (Spain) at Euroluce, Milan. Presentation of the "**Classics of the Future**" furniture collection for ALIVAR (Italy), the **Maya** chair for DRIADE (Italy) and the **Famuli** collection of office accessories for CIDUE (Italy) at the Salone del Mobile di Milano.

1993 Presentation of the **Gorka** series. Presentation of the **Sutil** series. Presentation of the **Babelia Kitchen** programme for CIATTI (Italy) at Eurocucina and the Salone del Mobile di Milano. Represents Spain at "**La Sedia Europea Made in Italy**", PROMOSEDIA, Udine (Italy). Presentation of the **Avai** cupboard from the Forum collection for CHUECA (Spain) at the Feria del Mueble de Valencia.

!

Agradecimientos a:

Carme Casares por María, por Pol y por el diseño de este libro. Diego Slemenson por todo. Toni Casares por ser tan tenaz. Jordi Claveras por sus sabios consejos. Viviana Narotaky por su agudeza. Frédérique Faurois por su «savoir faire». Alvaro Casuso por sus fotos, y especialmente a Nelly Schnaith, Oriol Pibernat, Klaus Lehmann y Richard Sapper por sus palabras.

Thanks to:

Carme Casares for Maria, for Pol and for the design of this book. Diego Slemenson for everything. Toni Casares for being so determined. Jordi Claveras for his sage advice. Viviana Narotzky for her acuity. Frédérique Faurois for her "savoir faire". Alvaro Casuso for his photos, and especially to Nelly Schnaith, Oriol Pibernat, Klaus Lehmann and Richard Sapper for their words.